F. Martens

Russland und England in Central-Asien

Europäischer Geschichtsverlag

F. Martens

Russland und England in Central-Asien

1. Auflage | ISBN: 978-3-73400-232-8

Erscheinungsort: Paderborn, Deutschland

Erscheinungsjahr: 2015

Europäischer Geschichtsverlag ist ein Imprint der Salzwasser Verlag GmbH, Paderborn.

Nachdruck des Originals von 1880.

RUSSLAND und ENGLAND

IN

CENTRAL-ASIEN

VON

F. MARTENS

PROFESSOR DES INTERNATIONALEN RECHTS AN DER KAISERLICHEN UNIVERSITÄT
ZU ST. PETERSBURG

———◆◆◆———

ST. PETERSBURG
Kaiserliche Hofbuchhandlung H. SCHMITZDORFF
(CARL RÖTTGER)
1880

Russland und England in Central-Asien.[1]

Von

F. Martens.

Professor des internationalen Rechts an der K. Universität zu St. Petersburg.

> Il faut une science politique nouvelle
> à un monde tout nouveau.
>
> A. de Tocqueville.

Der Berliner Kongress hatte kaum den Befürchtungen einer unvermeidlichen Kollision zwischen England und Russland, wegen ihrer auseinandergehenden Politik hinsichtlich der Türkei, ein Ende gemacht, als schon neue Wolken den politischen Horizont zu trüben anfingen. Aus der Tiefe Central-Asiens wurde Europa mit einer Anzahl von Telegrammen überschwemmt, nach welchen eine russische Mission zu dem Zwecke in Kabul angekommen wäre, ein Schutz- und Trutzbündniss zwischen Russland und Afghanistan gegen England zu schliessen; und diese Mission wäre vom regierenden Emir Afghanistans Schir-Ali mit Auszeichnung empfangen worden.

---

[1] Der nachfolgende Essay über die Beziehungen Russlands und Englands in Central-Asien wurde im Anfang des Monats August veröffentlicht. Anfangs September wurde die Welt mit der Nachricht von der furchtbaren Katastrophe in Kabul überrascht, welche der ganzen englischen Gesandtschaft, mit dem Major Cavagnani an der Spitze, das Leben kostete. Infolge dieses erschütternden Ereignisses ist die central-asiatische Frage wiederum in den Vordergrund der Tagespolitik getreten und wiederum muss England mit dem Schwert sein Prestige in Asien aufrecht zu erhalten suchen. Der nächste Zweck der englischen Repressivmaassregeln gegen Afghanistan muss jedenfalls die Unterwerfung dieses Landes, die Einnahme Kabuls und die Bestrafung der Schuldigen sein. Doch nach Erreichung dieses Zieles ist England noch weit entfernt von der endgültigen Lösung aller vorhandenen Schwierigkeiten. Ueber das Schicksal Afghanistans kann England *allein* unmöglich entscheiden. Erst nach 'der Eroberung dieses Landes werden für die englische Politik die grössten Schwierigkeiten entstehen.

Der heutigen englischen Regierung können die tiefsinnigen Worte, welche der alte Herzog von Wellington über den afghanischen Krieg von 1839 äusserte, nicht genug an's Herz gelegt werden: «Ihr möget triumphiren», sagte er zu den Anhängern der Kriegsparthei gegen Afghanistan, «ihr könnt euch, ebenso wie ich, auf die Tapferkeit unserer Truppen verlassen; aber wenn, Dank der Tapferkeit derselben, der Sieg gewonnen sein wird und ihr die Oberhand behalten haben werdet, erst *alsdann* werden für euch die Schwierigkeiten anfangen». Diese bedeutungsvollen Worte sollte die englische Regierung nicht einen Augenblick vergessen, alsdann würde sie im Stande sein,

I

Mit Blitzesschnelle verbreiteten sich diese Nachrichten in der civilisirten Welt und brachten, besonders in England, einen mächtigen Eindruck hervor. Das englische Parlament verlangte von der Regierung ausführliche Aufklärungen über die Ereignisse in Afghanistan; die englische Presse erneuerte ihren Feldzug gegen die »Intriguen» und die ‹Treulosigkeit› Russlands in Central-Asien; klarblickende und energische Leute erachteten einen Krieg zwischen Russland und England für unvermeidlich und nothwendig. England, so sagte man, könne irgend eine Einmischung Russlands in die inneren Angelegenheiten Afghanistans, des Nachbarlandes von Englisch-Indien, nicht zugeben. Russland habe zu verschiedenen Ma-

Fehler, welche sie sich bis jetzt in ihrer Politik. hinsichtlich Afghanistans und Central-Asiens mehrfach zu Schulden kommen liess, zu vermeiden.

Meine wenigen Auslassungen über die Anwendbarkeit des europäischen Völkerrechts auf die Beziehungen zwischen civilisirten und uncivilisirten Staaten haben eine schreckliche, aber nur zu wahre und zu schnelle Bestätigung in der Vernichtung der englischen Gesandtschaft gefunden. Das Schicksal des Friedens-Vertrages von Gandamak, welchen Lord Lytton mit dem Emir Jakub-Chan geschlossen, hat bewiesen, dass völkerrechtliche Verträge mit barbarischen, asiatischen Völkern nicht die geringste Garantie für deren Bestand und die Ausführung ihrer Bestimmungen bieten. England wird, wie Russland, weiter und weiter getrieben in's Innere von Asien, und nur durch ein gegenseitiges, aufrichtiges und festes Einvernehmen zwischen diesen beiden Grossmächten kann der Friede in Asien erhalten, können die Fortschritte der Gesittung gesichert und die Interessen Russlands und Englands wirksam geschützt werden. Nur durch ein solches Einverständniss mit Russland, welches, fern von jedem Hintergedanken von Eifersucht und Hass ist, kann England seine Ehre in Asien retten und den nöthigen Frieden in seinen indischen Besitzungen für immer sichern. Grundfalsch, unheilvoll und gefährlich ist der Gedanke, dass ein Kampf Russlands und Englands in Asien unvermeidlich und nur eine Frage der Zeit sei.

Diese Ueberzeugung liegt der vorliegenden Schrift zu Grunde. Die unzähligen Zuschriften, voll von Aeusserungen der Sympathie und der Zustimmung, welche ich nach der Herausgabe des französischen Textes aus den verschiedensten Ländern, und vor Allem aus England und Russland erhielt, haben mich überzeugt, dass ich mit meiner Ansicht nicht allein dastehe. Möge dieselbe mehr und mehr in den maassgebenden Kreisen Wurzel fassen und alsdann wird den Interessen der Civilisation und des Friedens aus der sogen. central-asiatischen Frage nicht die geringste Gefahr erspriessen.

St. Petersburg, 17. (29.) September 1879.   F. Martens.

Die gleichen Erwägungen, welche uns s. Z. (vgl. ‹Russ. Revue›, Bd. XI, S. 97 etc.) dazu bestimmten, des hochgeschätzten Verfassers ‹Studie über die russische Politik in der orientalischen Frage› in unserer Zeitschrift wiederzugeben, veranlassen uns auch heute, seiner nicht minder bedeutenden, klaren und *authentischen* Darlegung der Beziehungen Russlands und Englands in Mittel-Asien Raum zu geben. Angesichts dieser unbestreitbaren Verdienste der Arbeit und des bedeutenden Aufsehens, welches dieselbe in der europäischen Presse hervorgerufen hat — die Schrift erscheint demnächst auch in engl. Sprache — glauben wir des Dankes unserer Leser gewiss sein zu können. Die Red.

len formell versprochen, sich der Einmischung in Afghanistan zu enthalten, und dieses Land dem vorherrschenden, ausschliesslichen Einflusse Englands zu überlassen; mit der Absendung einer diplomatischen Mission nach Kabul hätte die russische Regierung ihr Wort gebrochen, ihre Verbindlichkeiten verletzt; eine Kriegserklärung Englands an Russland wäre sowohl vom Standpunkt des Rechtes als auch der Moral gerechtfertigt.

Man konnte den Vertretern dieser Meinung erwiedern, dass, wenn eine russische Mission im Triumphe in Kabul einziehen konnte, dies eben daher rühre, dass der Emir Schir-Ali derselben das Ueberschreiten der Grenze gestattete und sie mit offenen Armen empfing; man konnte mit unbestreitbaren Thatsachen beweisen, dass es eben die Regierung des Vice-Königs von Ost-Indien war, die den Emir *zwang* sich in die Arme Russlands zu werfen; und endlich durfte man mit Recht fragen, warum denn eigentlich Schir-Ali um keinen Preis der Welt einen englischen Gesandten in seiner Hauptstadt empfangen wolle, während er dem Gesandten des «weissen Zaren», von dem er nie weder Unterstützung an Geld, noch Beweise eines innigen Bündnisses in Form von Munition, Kanonen und Flinten erhalten, einen so freundlichen Empfang bereitete?

Die Anhänger eines Krieges gegen Russland berücksichtigten alle diese Umstände nicht, und maassen ihnen gar keine politische Bedeutung bei. Sie behaupteten steif und fest, dass der Emir von Afghanistan nur ein Werkzeug in Russlands Händen war, dass dessen Vergehen gegen England nur unter dem Drucke einer stärkeren Macht begangen wurden, dass Russland allein der Schuldige und der Anstifter, des Schir-Ali zugeschriebenen Treubruches und seiner Undankbarkeit sei. Es wäre daher die höchste Ungerechtigkeit den Schuldigen zu bestrafen und dabei den Urheber zu übergehen. Ein Zusammenstoss Englands mit Russland in Central-Asien sei demnach so sicher, wie Sonnenauf- und Untergang. Russland, das soeben einen langen und heftigen Krieg gegen die Türkei beendete, wäre geschwächt, und blute aus vielen Wunden. Es wäre nicht im Stande im Kampfe gegen England, diesem einen fortgesetzten und thatsächlichen Widerstand entgegen zu setzen, und England habe alle Chancen, mit einem Schlage die ganze orientalische Frage seinen Interessen und nationalen Wünschen gemäss, zu lösen.

England *oder* Russland, muss die Völker Asiens regieren; das ist das Losungswort der Parteigänger einer energischen, englischen Politik in Central-Asien. Das Benehmen des Emir im Herbste des vergangenen Jahres, und die Schwächung Russlands nach dem Kriege mit der Türkei böten eine seltene, ausserordentlich günstige Gelegenheit dar, um das Prestige Russlands und seine Macht über die annektirten Chanate von Grund aus zu zerstören.

Indessen haben, Dank der Klugkeit und Kaltblütigkeit der englischen Regierung, die Verfechter der oben erwähnten Ansicht erfolglos versucht, die zwei grossen Nationen zu entzweien, welche durch die Vorsehung bestimmt scheinen, die wilden Völker Asiens zu civilisiren, und sie durch Macht und Gerechtigkeitssinn zu überzeugen, dass die Achtung vor dem Recht und die Entwickelung friedlicher Handelsbeziehungen diesen barbarischen Stämmen nützlicher sind, als Plünderung, Repressalien und fortwährender Krieg. Die Erkenntniss, dass feindliche Maassregeln gegen Russland, bei dem Erscheinen von russischen diplomatischen Abgesandten in Kabul, England ebenso gefährlich wie Russland lästig gewesen wären, hat im Schoosse des Kabinets zu St. James den Sieg davon getragen. Die Gefahr eines Bruches mit Russland ging so vorüber.

Immerhin beschloss die englische Regierung, vom Emir, wegen seines Benehmens, Russland gegenüber, Rechenschaft zu fordern. Die ganze Last der Verantwortlichkeit wurde auf den unglücklichen Schir-Ali gewälzt. Das Londoner Kabinet fand es für geeignet, die russische Regierung aus dem Spiele zu lassen und durch wirksame Maassregeln der Möglichkeit einer Untreue von Seiten des *Nachbarn* und *lieben* Freundes, des Emirs von Afghanistan, zu begegnen.

Im August des verflossenen Jahres entschloss sich die englische Regierung Hrn. Neville Chamberlain in ausserordentlicher Mission nach Kabul zu senden. Schir-Ali gestattete dieser Mission das Ueberschreiten der Grenze nicht. Der englische Gesandte war mit seinem zahlreichen Gefolge gezwungen umzukehren. Nachdem das englische Ultimatum gleichfalls von dem Beherrscher Afghanistans verworfen wurde, brach im Monat November der Krieg aus.

Nach mehrmonatlichen Kämpfen, während welchen der Emir Schir-Ali starb und die inneren Zustände Afghanistans sich höchst kritisch und prekär gestaltet hatten, entschloss sich der Thronerbe Jakub-Chan die vom Vice-König Lord Lytton vorgeschlagenen Bedingungen zu unterschreiben.

Kraft dieses Vertrages hat Afghanistan aufgehört ein unabhängiger Staat zu sein. Der Emir verpflichtete sich seine Beziehungen zu den fremden Staaten nach den Rathschlägen und der unmittelbaren Kontrolle Englands zu regeln. (Art. 3). Fortan residirt ein,

von einer starken Eskorte umgebener englischer Gesandter in Kabul,
der englische Agenten zur afghanistanischen Grenze aussenden kann
und als permanenter diplomatischer Vertreter Englands gilt. Der
Emir ist ebenfalls ermächtigt, sich in Indien vertreten zu lassen.
(Art. 4).

Nach dem Art. 5. sichert der Emir den englischen Agenten die
ihnen gebührende Ruhe und Achtung. Die Handelsbeziehungen
zwischen Afghanistan und Indien sollen auf Grund eines besondern
Uebereinkommens festgestellt werden. Endlich werdendie Thal-
gebiete von Churum, Pirchine und Sibri den Engländern abgetreten,
welche indessen die Einnahmeüberschüsse aus jenen Territorien, nach
Deckung der Verwaltungskosten, an den Emir abzugeben haben.
Die englische Regierung übernimmt auch die Ueberwachung der
Engpässe von Khyber und Michni ebenso, wie der Beziehungen und
der Unabhängigkeit der Grenzstämme des Distriktes, wo diese Engpässe sich befinden.

Für diese Konzessionen an die englische Regierung erhält der
Emir ein Jahres-Subsidium von 6 Lacs Rupien (120,000 Pfd. St. ?)
mit der Bedingung, den Vertrag treu zu halten.

Das sind die in jüngster Zeit zwischen England und Afghanistan
vereinbarten Friedensbedingungen. Es ist vorläufig nutzlos, die Frage
zu prüfen, ob der gegenwärtige Emir von Kabul jenen Vertrag treu
einhalten könne. Es wäre vielleicht kindisch zu behaupten, der
Vice-König von Indien habe beim Abschlusse dieses Vertrages,
unter dem Einflusse jenes Stolzes, den der Besitz und der Instinkt
des Regierens geben, gehandelt, und von dem der Herzog von
Argyll sagt, dass er, seiner Ansicht nach, den weitgehendsten Aus-
schreitungen und gefährlichsten Missbräuchen Raum geben könne.[1]

Wir wollen für den Augenblick weder die politische Tragweite
des Friedensvertrages, noch die bindende Kraft desselben für die
kontrahirenden Partheien prüfen. Es ist unbestreitbar, dass er einen
ungeheuren Einfluss auf die künftigen Beziehungen Englands zu
Afghanistan auszuüben berufen ist. Wenn der Vertrag in Wirklichkeit zur Ausführung gelangt, wird Afghanistan sicherlich eine englische Provinz. Der Vice-König von Indien wird in Kabul als unum-
schränkter Herr regieren. Die Tragweite dieses Friedens-Instru-
ments für den gegenwärtigen Stand der Dinge in Central-Asien wird
daher sofort deutlich.

---

[1] Duke of Argyll, The Eastern Question, from the treaty of Paris 1856 to the treaty of
Berlin 1878, and to the second Afghan war. London 1879. II. p. 217.

Das zur englischen Provinz gewordene Afghanistan wird die russischen Besitzungen in Asien in unmittelbare Berührung mit den Ländern der Königin von England bringen.

So würde, Dank dem obigen Friedensvertrage, jene unmittelbare Nachbarschaft der englischen und russischen Besitzungen in Central-Asien verwirklicht sein, welche viele Engländer als so äusserst gefahrvoll für Indien hinstellten. Einer in England stark verbreiteten Meinung nach, sollte das Gebiet des Emir von Kabul immer neutral bleiben, und gleichsam dazu dienen, zwischen Indien und den in Asien annektirten Chanaten Russlands die trennenden «Puffer» zu bilden.

Nun aber hat Englands neue Politik in Asien diese Puffer beseitigt, hat die Schranken vernichtet und das letzte Hinderniss weggeräumt, welches sich einer unmittelbaren Kollision zwischen England und Russland in den unwirthsamen Gefilden Asiens entgegenstellte. Welche Unklugheit! Welche Ungeschicklichkeit Seitens der englischen Regierung! — werden die Gegner Lord Beaconsfield's ausrufen. Welcher Mangel an Voraussicht! Welch' strafbarer Leichtsinn! — werden jene Engländer sagen, bei welchen, nach den Ausdrücken des Herzogs von Argyll, ‹die Eifersucht und Russenfurcht zur Manie geworden ist›.

Von diesem Gesichtspunkte aus betrachtet, müsste der mit Afghanistan geschlossene Friedensvertrag alle Anrechte auf die Sympathie der Russen haben, die in den Erfolgen der russischen Armee in Asien nur einen Marsch gegen Indien sehen. Für Jene bedeutet der fortschreitende und siegreiche Vormarsch unserer Armee eine immer zunehmende Annäherung Russlands zu jenem Lande, welches den verwundbarsten Punkt Englands bildet. Indessen gibt es dennoch in Russland nicht viele vernünftige Leute, welche das englische Indien für den Endzweck des Triumphzuges unserer Truppen halten. Im Gegentheil, es findet die Ansicht, dass diese Eroberungen barbarischer Chanate in der Tiefe Central-Asiens, für Russland eine schwere Bürde sei und dass nur ein dringendes Gebot die russische Regierung zwang im gewollten Momente nicht innezuhalten — weit mehr Anhänger, als die früher ausgesprochene.

Der Wahrheit gemäss müssen wir indess gestehen, dass die Politik der englischen Regierung während der letzten Jahre Russland gegenüber, von einem so deutlichen Uebelwollen beseelt war, und dass die Haltung Englands während der Dauer des letzten Krieges auf der Balkan-Insel den Ansprüchen und legitimsten Forderungen der russischen Nation sich so systematisch feindlich zeigte,

dass selbst jene Russen, welche mit Schrecken auf die Erfolge
unserer Eroberungen blickten, sich mit der Idee vertraut machten,
dass man eines Tages einen Einfall nach jenem, den Engländern so
theuern Indien machen könnte. Es lässt sich somit begreifen,
warum selbst solche Russen, die für die asiatischen Eroberungen
Russlands durchaus nicht schwärmen, sich allmälig mit dem Gedanken vertraut machten, dass ein Zusammenstoss mit den Engländern an den Ufern des Indus und den Höhen des Hindukusch unvermeidlich geworden, und dass ein unabänderliches Naturgesetz denselben vorschreibe.

Aber wir wiederholen, diese Schlussfolgerung ist nur die logische
Folge der englischen Orientpolitik einerseits, und andererseits jener
eifersüchtigen Furcht vor Russland, die in England zu einer Manie
geworden. Es wäre im höchsten Grade ungerecht, die Idee, dass
eine Expedition gegen Indien eines Tages zum dringenden Gebot
und zur unabweisbaren Pflicht werden könnten, einem chauvinisti-
schen oder kriegerischen Sinn der russischen Nation zuzuschreiben.

Angesichts solcher, in England und Russland sehr verbreiteten
Meinungen, scheint es unbestreitbar, dass das Friedensinstrument,
welches Jakub-Chan unterzeichnete, allen Dank der Fürsprecher
eines erbitterten Krieges zwischen diesen zwei Grossmächten in
Asien verdiene. Die russophoben Engländer freuen sich, weil
Afghanistan eine englische Provinz geworden ist, und weil der
Friedensvertrag dem Prestige Russlands einen tödtlichen Streich
versetzt habe; die anglophoben Russen wiederum sind von aufrich-
tiger Dankbarkeit für die Regierung Lord Beaconsfield's erfüllt,
weil sie mit einem Streich die englischen Besitzungen jenen
Ländern Asiens näher brachte, welche Russlands Oberhoheit anerkannt haben. Die Extreme berühren sich.

Man muss sich indess fragen, welches die richtige dieser zwei
Ansichten sei, die in ihren Ausgangspunkten so auseinandergehen
und in ihren Schlussfolgerungen so übereinstimmen? Wäre es wirklich wahr, dass ein Kampf zwischen Russland und England an den
Ufern des Indus von absoluter Nothwendigkeit sei und im uner-
bittlichen Verhängniss liege? Werden diese beiden mächtigen civilisirten Staaten wirklich und unabänderlich durch ein Naturgesetz gezwungen, den wilden Völkern Asiens das traurige Schauspiel eines
erbitterten und mitleidslosen Kampfes zu geben? Ist es der europäischen Civilisation, deren alleinige Vertreter in Central-Asien,
England und Russland sind, würdig, die rohen Instinkte der

asiatischen Horden heraufzubeschwören und von dem wilden Hasse Nutzen zu ziehen, welchen jene Barbaren gegen alle christlichen und civilisirten Völker nähren? Hat man ernstlich darüber nachgedacht, wer in letzter Reihe bei diesem Kampfe zwischen England und Russland gewinnen würde, welche von den beiden Nationen, nach siegreichem Kampfe im Stande sein werde, alle asiatischen Völker, und alle plündernden und wilden Stämme, durch deren Beihülfe sie ihre Erfolge erlangt, unter ihrer Herrschaft zu erhalten?

Es genügt, diese Frage ernsthaft in's Auge zu fassen, um zur Ueberzeugung zu gelangen, dass ein Kampf zwischen Russland und England in Central-Asien für beide Länder eine ungeheuere Kalamität wäre. Was uns anlangt, so sind wir — je mehr wir in der Lage waren, den Stand der Dinge in Asien zu studiren, je mehr wir den Fortschritt der russischen und englischen Eroberungen in Asien verfolgen konnten, und je mehr wir die Triebfedern der russischen Politik und der wirklichen Bestrebungen der russischen Nation zu ergründen vermochten — zur festen Ueberzeugung gekommen, dass die Eroberung Indiens nie der *wirkliche* und *ursprüngliche* Zweck der russischen Politik war, dass ein Krieg zwischen Russland und England in Central-Asien eine unberechenbare Kalamität für *beide* Mächte wäre, und dass die eingeborenen wilden Nationen allein in *Wirklichkeit* von entscheidenden Siegen Nutzen ziehen würden, die eine der kriegführenden Partheien davon trüge.

Stellen wir uns nun auf diesen Gesichtspunkt, der leider bisher eine gerechte und ausreichende Würdigung nicht gefunden hat, so werden wir als unwiderlegbare These aufstellen können, dass die allgemeinen civilisatorischen Interessen, mit den besondern oder nationalen Interessen Englands und Russlands in Mittel-Asien vollkommen identisch sind; diese Interessen erheischen von beiden Theilen gebieterisch, dass sie jede kleinliche Furcht, jede kindische Eifersucht und alle kriegerischen Gelüste bei Seite setzen. Die Mission der beiden Mächte in Asien legt ihnen die dringende Pflicht auf, gemeinsam und im Einverständniss hinsichtlich der Länder Asiens zu handeln; ihre *wahren* und *wirklichen* Interessen rathen ihnen, dass sie sich die Hand auf dem Gipfel des Hindukusch reichen und die im Namen der Civilisation und Humanität gemachten Eroberungen männlich zu vertheidigen. Die Zukunft Asiens und ihrer Besitzungen gebietet den beiden Mächten, nie die höhere Aufgabe aus dem Auge zu verlieren, welche ihnen die Vorsehung für das Wohl der halbwilden und barbarischen Völker dieses Erdtheiles zugewiesen.

Je mehr England und Russland von dem Gefühle der Solidarität ihrer gegenseitigen Interessen in Asien durchdrungen sein werden, jemehr sie sich überzeugen, dass die Civilisation ein Kämpfen Brust an Brust für einen höheren Zweck gebieterisch vorschreibt, desto mehr werden sich die Grundlagen ihrer Herrschaft in Asien befestigen, und desto wirksamer werden die Garantien des allgemeinen Friedens in Europa und Asien sein.

Das ist der Gesichtspunkt, von dem aus wir auf die gegenseitigen Beziehungen Russlands zu England in Asien einen Blick werfen wollen. Prüfen wir zunächst die geschichtliche Entwickelung der Debatten zwischen den beiden Staaten, um dann über den gegenwärtigen Stand der Frage Schlüsse ziehen zu können.

Dieser geschichtliche Ueberblick kann in zwei Theile getheilt werden; erstens von 1864 bis zur Eroberung Chiva's im Jahre 1873; zweitens von 1873 bis zum Friedensschluss Englands mit Afghanistan im Jahre 1879. Nachdem wir die Gechichte der diplomatischen Diskussionen kurz durchgenommen und die Ereignisse berücksichtigt haben werden, welche den gegenwärtigen Zustand geschaffen, werden wir uns erlauben, die von uns aufgestellte These zu entwickeln.

Indessen scheint es uns unmöglich, ein Urtheil über die Beziehungen zwischen Russland und England zu fällen ohne vorher eine fundamentale Frage beleuchtet zu haben, nämlich die Frage der *juridischen* Beziehungen Englands und Russlands zu den Völkerschaften Asiens. Ist es richtig, dass das internationale Recht auch in den Beziehungen einer civilisirten Nation zu einer halb-wilden anzuwenden sei? Ist es möglich, dass die Diplomatie in den öden Flächen Asiens kein anderes Problem zu lösen hat, als in den völkerreichen Ländern Europa's und Amerika's, in welchen seit Jahrhunderten dieselben moralischen und juridischen Ansichten maassgebend waren — in denen die gleichen Bestrebungen nach einem gemeinsamen Ziele herrschen, und welche durch Gefühle der Solidarität, durch das Band und die Nothwendigkeit gemeinsamen Vorgehens zur Bekämpfung von Allen gleich gefährlichen Uebeln auf einen gleichen Standpunkt gebracht worden sind?

Nein, das europäische internationale Recht ist bei den Beziehungen einer civilisirten Macht zu einem halbwilden Volke nicht anzuwenden, die europäische Diplomatie muss in Asien ihr Auftreten, ihre Aktionsmittel, und bis zu einem gewissen Grade ihre Zwecke ändern. Die gegenseitigen Beziehungen, die Umstände, das Terrain, die Bedingungen, die Persönlichkeiten, die Agenten, alles ist

mehr oder weniger anders: wie kann man also annehmen, dass das
Recht und die Politik unbeweglich und unberührt bleiben?
Verweilen wir nun einige Augenblicke bei der Rolle des interna-
tionalen Rechtes und der Diplomatie Europa's in Mittel-Asien.[1]

I.

Die Beziehungen zwischen civilisirten Nationen einerseits und uncivilisirten oder halbwilden andererseits, nehmen mit jedem Jahre
einen grösseren Umfang an; nichtsdestoweniger haben die juridischen Grundsätze dieser neuen Verhältnisse bis jetzt kaum ver-
mocht, die Aufmerksamkeit der Rechtsgelehrten genügsam auf
sich zu lenken.

Alle Welt gibt jetzt zu, dass in dem Maasse, wie Europa viel zu
enge wird, um die freie Entfaltung aller geistigen und materiellen
Kräfte, welche eine gierige Thätigkeit täglich im Schoosse der civilisirten Nationen anhäuft, zu gestatten, die Beziehungen dieser zum
Oriente und selbst zu Afrika sich in steter Weise entwickeln müssen.
Ausserdem ist man darin einstimmig, dass die Mission der europäischen Nationen eben darin besteht, den Stämmen und Völkern
des Orients die Ideen des Rechtes einzuprägen, sie in die wahren
und unerschütterlichen Grundsätze einzuweihen, welche Europa an
die Spitze der Civilisation brachten.

Diese Ideen haben in mächtiger Weise die ungeheuere Entwickelung der friedlichen und geschäftlichen Beziehungen mit den asiatischen Gebieten begünstigt, die bis zur letzten Zeit den Fremden
noch unzugänglich waren. Es ist unbestreitbar, dass die Angehörigen
der civilisirten Nationen reichlich und ungestraft die Völkerschaften
jener nicht christlichen Länder ausbeuten konnten, die, gezwungen
oder vermöge gütlichen Uebereinkommens, ihre Häfen und Städte
dem europäischen Handel erschlossen. Endlich sind diese Beziehungen in einer grossen Zahl von Handels- und Schifffahrts-Ver-
trägen oder Vereinbarungen genau bestimmt worden.

Das ist der gegenwärtige Zustand, und so sind die faktisch bestehenden Beziehungen der civilisirten und nicht civilisirten Nationen
zu einander. Fragt man sich aber, wie die Wissenschaft des Völkerrechtes diese Beziehungen betrachtet, und in welcher Weise sie

---

[1] Wir halten für nöthig, den Leser davon zu verständigen, dass alle Thatsachen und
Dokumente, von denen in diesem Aufsatz die Rede sein wird, aus offiziellen Quellen
geschöpft sind, und in verschiedenen »Blaubüchern« der englischen Regierung mitgetheilt wurden.

dieselben rechtlich bezeichnet, so wird die Antwort schwer zu geben sein. In der That hat die internationale Rechtswissenschaft nicht allein noch keine feststehenden Regeln zur Feststellung der Beziehungen zwischen Nationen von gänzlich verschiedenen Kulturen — sondern sie hat auch noch nicht einen einzigen ernsten Versuch gemacht, dieses Problem zu lösen.

Es wäre vergebliche Mühe, irgend eine Antwort bei den klassischen Meistern dieser Wissenschaft zu suchen. Weder Grotius noch Vattel, noch G. F. v. Martens konnten diese Frage behandeln, da dieselbe sich erst zu Anfang dieses Jahrhunderts der Wissenschaft aufdrängte, wenn man die Beziehungen der europäischen Mächte zur Türkei bei Seite lässt. Immerhin aber haben — besonders mit Bezug auf das ottomanische Reich — die Nationen Europa's, und insbesondere Russland, seit Jahrhunderten ihre Aufgabe in dem Schutz der christlichen Religion und der europäischen Civilisaton erblickt. Dennoch sind auch die Beziehungen zur Türkei, wenn man von einigen mehr oder minder fehlgeschlagenen Versuchen der letzten Zeit absieht, vom Rechts-Standpunkte aus nicht studirt worden.[1]

Ueberdies wäre es vom Standpunkte Vattel's, Martens' und Anderer ganz und gar unmöglich gewesen, für die Beziehungen mit den Barbarenvölkern, der Natur dieser Beziehungen entsprechende Regeln aufzustellen.

So besteht, nach Vattel, das Völkerrecht darin, «dass das natürliche Gesetz auf die Angelegenheiten und die Handlungsweise (conduite) der Nationen und Fürsten gerecht und vernünftig angewendet werde».[2]

Vattel lehnt sich gegen Jene auf, welche das «gemeine natürliche Recht» mit dem Völkerrecht verwechseln.

Man muss sie auseinander halten, meint er; indessen wird Jeder, der das Werk Vattel's — welches besonders, Dank der Elastizität seiner Grundsätze und der für die Diplomatie sehr nützlichen Widersprüche, von denen das Buch wimmelt, klassisch werden konnte — zu Rathe zog, zugeben, dass Vattel selbst fast alle Fragen des Völkerrechtes nach den Grundsätzen des natürlichen Rechtes behandelt. Ueberdies lässt der Titel des Werkes keinen Zweifel zu, er heisst: «Das Völkerrecht, *oder* die Grundsätze des natürlichen Rechtes, an-

---

[1] Den besten Versuch in dieser Richtung verdanken wir zweifelsohne der geistreichen, gewandten Feder von Rolin-Jacquemyns in der «Revue du droit intern.» VIII, Studie zur Orientfrage. Gent 1877—78.

[2] Vattel, Vorrede.

gewendet auf das Benehmen und die Angelegenheiten der Nationen
und Souveräne». Wenn es indessen keinen Unterschied zwischen
dem Natur- und dem Völkerrecht gibt, so könnten die Beziehungen
der civilisirten und nicht civilisirten Nationen, nach dem Einen so
gut wie nach dem Andern geregelt werden. Dann würde nichts uns
hindern, dieselben Rechtsgrundsätze bei der Natur nach ganz verschiedenen Beziehungen anzuwenden. Es genügt, diese Schlussfolgerung zu ziehen, um zu beweisen, dass der Ausgangspunkt
Vattel's zur Lösung der uns beschäftigenden Frage nicht dienen
kann.

Auch bei den kompetenten zeitgenössischen Gelehrten findet
man kaum eine Lösung. Auf der einen Seite begegnet man bei
ihnen sehr sympathischen Ideen, die ihren Autoren zur Ehre ge-
reichen; auf der andern aber sehr mangelhafte Auskunft, da, wo es
natürlich erscheint, eine tiefere Erörterung eines Gegenstandes zu
erwarten, der seit langer Zeit alle Anrechte auf die volle Aufmerksamkeit der Gelehrtenwelt hat.

Der ehrwürdige Vice-Präsident des Instituts des internationalen
Rechtes, Hr. Bluntschli, erklärt in seiner berühmten Abhandlung
«Droit international codifié» (§ 7 und folgende), dass das inter-
nationale Recht sich nicht auf die Nationen Europa's beschränke,
sondern dass die ganze Welt seine Domäne wäre. Das Recht der
Menschheit, so sagt er, ist nichts anderes, als das internationale
Recht (§ 8).

Wenn man diese Theorie, die auf einem grossmüthigen und aufgeklärten Kosmopolitismus fusst, annimmt, so hat man dem internationalen Rechte eine breite Basis und universelle Tragweite gesichert. Damit entzieht man ihm aber seine positiven Grundlagen
und beraubt es seiner praktischen Bedeutung. Hier genügt die einzige Bemerkung, dass virtuell das internationale Recht bei der ge-
sammten Menschheit nicht anwendbar ist.

Wie würde man dieses Recht, welches ein Produkt der europäischen
Civilisation und eine Folge der Gemeinsamkeit der moralischen und
juridischen Anschauungen der civilisirten Nationen ist, bei jenen
Völkern anwenden, denen das Bewusstsein der sich daraus ergeben-
den Pflichten fehlt? Wäre es möglich, den Barbaren-Nationen alle
Segnungen dieses Rechtes zuzuerkennen, ohne ihnen Pflichten, Verbindlichkeiten und Verantwortung aufzuerlegen?

Die uncivilisirten Völker könnten aber diese Verantwortlichkeit
für Handlungen, die dem internationalen Recht zuwider laufen, nicht

tragen, weil sie die fundamentalen, moralischen, und juridischen Grundsätze, auf welchen das gesellschaftliche Gebäude der europäischen Nationen aufgebaut ist, zu begreifen nicht im Stande sind. Da diese Haupt - Bedingung für die bindende Kraft des internationalen Rechtes mangelt, ist es unserer innigsten Ueberzeugung nach unmöglich, das internationale Recht mit dem der ganzen Menschheit eigenen kosmopolitischen Rechte zu identifiziren.

Was wir andererseits bei den übrigen Schriftstellern über diese höchst wichtige Frage finden — die sich häuflg genug und besonders den englisch-amerikanischen Publizisten aufgedrängt hat — erachten wir für ungenügend. England hätte seiner Eroberungen und seiner Kolonien in den verschiedenen Welttheilen wegen und die Vereinigten Staaten Nord-Amerika's ihrer Beziehungen zu den Rothhäuten halber die Aufmerksamkeit der Rechtsgelehrten auf diese Sache lenken müssen. Dieselbe wird indess weder bei Philimore noch bei Wheaton anders als zufällig und mit wenigen Worten erwähnt.[1]

Versuchen wir es, die Rechtsprinzipien festzustellen, die bei Beziehungen zwischen Nationen wesentlich verschiedener Kultur angewendet werden können.

Vor Allem muss als feststehend betrachtet werden, dass das internationale Recht, in der Gesammtheit seiner Grundsätze, die Beziehungen zwischen civilisirten Nationen einer- und uncivilisirten Nationen andererseits nicht zu regeln vermag.

Das internationale Recht ist die Gesammtheit jener Grundsätze, welche die Beziehungen der civilisirten Nationen unter sich zur Verfolgung ihrer gemeinsamen Zwecke und Kultur regeln. Die Nationen anerkennen die bindende Kraft gewisser juridischer Grundsätze, sie geben Zeugniss von ihrem Bewusstsein einer zwischen ihnen vorhandenen Gemeinsamkeit und Interessen-Einheit und eines Zusammenwirkens im Hinblick auf solche Güter, die ihren vereinzelten Kräften nicht erreichbar wären. Diese Gemeinsamkeit der Nationen rührt von einer Gemeinsamkeit der Bestrebungen her, und erhält sich, Dank dem Bewusstsein einer absoluten Nothwendigkeit einer Entwickelung aller materiellen Kräfte und moralischen Fähig-

---

[1] Vgl. Phillimore, Intern. Law, § CCXLIII. — Wheaton (Edition Dana), pag. 60, § 39. — Dudley Field, Code, § 79. — Creasy, First platform of Intern. Law, § 135. — Lawrence Commentaire sur Wheaton, t. I, pag. 146 und folgende.

keiten. Dieser vernünftige Zweck könnte, ohne gegenseitigen Beistand, ohne geregelten Verkehr und ohne Kenntniss der Pflichten, welche den betreffenden Rechten entsprechen, von den Staaten nicht erreicht werden. Die civilisirten Nationen sind überzeugt, dass alle ihre Fortschritte auf dem Wege der Entwickelung ihrer Anlagen und·materiellen Kräfte, von der Eintracht, die zwischen ihnen herrscht, abhängen.

Diese Eintracht selbst hängt von dem Einflusse ab, den die Völker auf einander üben, welcher seinerseits aus den Bestrebungen und Handlungen der Völker und Individuen hervorgeht. Je mehr eine Nation von dieser Idee durchdrungen ist, desto grösser wird ihr Einfluss auf die andere sein; je mehr ein Staat seine Pflichten gegen die andern erkennt, deso mehr werden seine eigenen Rechte anerkannt und geachtet sein.

Das internationale Recht ist die Gesammtheit der Gesetze und Gebräuche, welche den Beziehungen der Nationen anhaften, die zum Verständnisse der Solidarität und der Nothwendigkeit einer Einigung im Schoosse einer und derselben Gesellschaft unter dem Schutze gleicher Rechtsgrundsätze, gelangt sind. Die Macht der Gerechtigkeit und des Gesetzes basirt auf den Gesinnungen der Menschen und ihrem Bewusstsein gegenseitiger Pflichten. Die juridischen Beziehungen der Völker, und die Autorität des internationalen Rechtes, basiren auf den Neigungen der Nationen und auf dem Verständnisse jener gegenseitigen Rechte und Pflichten. Wenn man die gegenseitigen Beziehungen der Nationen, die Bedingungen ihres gegenseitigen Verkehrs verändert, so hat man gleichzeitig die Grundlage jener Rechtsgrundsätze geändert, deren bindende Kraft durch sie anerkannt wurde. Vernichtet man bei den Völkern das Verständniss der Nothwendigkeit eines unausgesetzten Austausches der Erzeugnisse ihrer materiellen und moralischen Thätigkeit, so wird man sie nach rückwärts treiben, und der Fortschritt wird ohne die Entwickelung der internationalen Beziehungen und ohne völkerrechtlichen Schutz eine Utopie bleiben. Je mehr sich der Verkehr zwischen den Nationen entwickelt, und je mehr sich das internationale Recht auf positiver, unerschütterlicher Basis aufbaut, desto mehr werden die Völker von dem Gefühle des dringenden Gebotes einer Eintracht zur Verfolgung vernünftiger Existenzziele durchdrungen, und desto mehr werden sie sich dem Ideale der internationalen Gesellschaft nähren, in deren Schooss Alle für einen, und einer für Alle leben sollen.

Wir fassen unsere Gedanken zusammen — indem wir sagen, dass das internationale Recht nur bei jenen Nationen angewendet werden könne, die sich zum Mindesten *annähernd* auf derselben Stufe der Kultur und des Fortschrittes befinden, und deren gegenseitige Beziehungen, im allgemeinen, auf gleichen Lebensbedürfnissen, gleichen Gefühlen und moralischen Bestrebungen, und den gleichen Begriffen von Wahrheit und Recht beruhen.

Geht man von diesem Gesichtspunkt aus, so wird man begreifen, warum das internationale Recht Europa's die Beziehungen civilisirter Nationen einerseits und halbbarbarischer Völker andererseits nicht regeln kann. Das Leben der Barbaren kennt weder Handel noch Ackerbau, noch Gewerbe. Bei ihnen ist ein Jeder sein eigener Beschützer, rechnet nur mit seinen eigenen Interessen, die er mit all' seinen physischen Kräften gegen jeden Angriff vertheidigt. Für den primitiven Zustand ist nichts charakteristischer als jener unglaubliche Mangel an Eintracht und Zusammenwirken für ein gemeinsames Ziel, den man bei wilden Völkern wahrnehmen kann. Selbst in Kriegszeiten und Angesichts einer drohenden Gefahr ist es schwer, den wilden Stämmen die Ueberzeugung beizubringen, dass nur Einigkeit Kraft gibt und dass gegenseitiger Beistand zum Wohle Aller nothwendig sei.

Dieselben charakteristischen Züge offenbaren sich in den Beziehungen zweier Stämme zu einander, zwischen einem Barbarenvolke und einem gleich barbarischen Nachbarn. Jedes Verständniss für die Nothwendigkeit gegenseitiger Annäherung und der Eintracht zur Verfolgung gemeinsamer Zwecke, fehlt bei solchen ganz und gar. Da, wo sich Beziehungen zu Fremden gebildethaben, gelten dieselben bei der Barbaren-Nation als bedauerliche Verletzung ihrer Einzelstellung, die allein ihr Ideal und der Zweck ihrer Bestrebungen bleibt.

Endlich verstehen die Barbaren-Völker auch nicht einmal die Berechtigung eines Verkehrs zwischen Nationen und können die Nothwendigkeit regelmässiger Beziehungen durchaus nicht einsehen, ja, es ist ihnen selbst unmöglich, einige Rechtsregeln anzuerkennen, unter welchen sie ihren Willen zu beugen hätten. Nur die fühlbare und gebieterische Macht zwingt sie, dem Rechte Anderer zu weichen, und sich der absoluten Nothwendigkeit zu fügen. So unmöglich es ist, bei den Barbaren-Völkern das Bewusstsein irgend welcher nationalen Pflichten zu finden, ebenso schwierig wäre es, sie von der Nothwendigkeit beständiger und freundschaftlicher Beziehungen mit den fremden Nationen zu überzeugen.[1]

Aus diesen Gründen erscheint es uns ungerecht, von den asiatischen Nationen die Beobachtung von Regeln zu fordern, die durch Jahrhunderte eines gemeinsamen Lebens unter den christlichen oder civilisirten Völkern ausgearbeitet wurden, und aus der Basis der Interessen-Solidarität und gemeinschaftlicher moralischer und rechtlicher Begriffe, hervorgingen. Alle Beziehungen zwischen civilisirten Nationen beruhen auf der Idee der *Gegenseitigkeit.* Dieser Gedanke ist den Barbaren-Nationen unverständlich; und wenn es sich also um einen Stamm, ohne eine feste soziale Organisation handelt, wo eine souveräne Macht nicht anerkannt ist, oder wo selbst die Grenzen des Territoriums unbestimmbar sind, so können sich hier eigentliche internationale Beziehungen nicht bilden. Nationale Unabhängigkeit, Souveränität einer Regierungs-Gewalt, die Existenz eines bestimmten Territoriums und einer gesellschaftlichen Organisation sind die wesentlichen Bedingungen internationaler Beziehungen. Wir werden sehen, dass diese Bedingungen bis jetzt bei mehreren Staaten Asiens nicht vorhanden waren.

Vom gleichen Gesichtspunkte ausgehend, sagt J. Stuart Mill, dass, wenn man irgend ein Vergehen (any conduct whatever) rücksichtlich eines Barbaren-Volkes als eine Verletzung des Völkerrechtes erkläre, man nur den Beweis liefere, dass derjenige der dies ausgesprochen, nie über diesen Gegenstand nachgedacht.

Diese Analyse der Elemente, auf welchen die Beziehungen zwischen civilisirten Nationen und deren Unterscheidung von den Barbaren-Völkern basiren, hat uns den Beweis geliefert, dass die Anwendung des Völkerrechtes auf die Beziehungen der asiatischen Völker unmöglich sei. Muss man daraus folgern, dass die christlichen Nationen gegenüber jenen wilden Völkern zur Beobachtung gar keiner Regeln verpflichtet seien? Kann man ernstlich behaupten, dass gar kein Gerechtigkeitsprinzip, gar keine Pflicht und gar kein Gesetz im Verkehr der Nationen Europa's mit denen Asiens bindende Kraft habe? Wäre es gerecht und der europäischen Civilisation würdig, zu erklären, dass ihre Vertreter in ihren internationalen Beziehungen frei von jeder Einschränkung, jeder Pflicht und aller ursprünglichen und unverrückbaren Verbindlichkeiten der Moral und

---

[1] Man findet einige beachtenswerthe Betrachtungen in den *Dissertations and Discussions* von J. St. Mill, Bd. I, pag. 161 etc. Bd. III, pag. 166.

Gerechtigkeit ledig seien? Sicherlich nicht. Es gibt ein Recht, das m Verkehr mit den nicht civilisirten Völkern anwendbar ist; es ist unerlässlich, gewisse Grundsätze, welche diese Verhältnisse des internationalen Lebens beherrschen, anzuerkennen; es gibt für den gegenseitigen Verkehr der Menschen ewige, unverrückbare Regeln. Dies Recht ist das *natürliche Recht*; diese Grundsätze sind solche, die sich aus der Natur der Sache ergeben, d. h. aus den besonderen Beziehungen, die zwischen Völkern von verschiedenen Kulturstufen existiren; diese unverrückbaren Regeln sind die, welche uns unser Gewissen vorschreibt, dieser Spiegel, der alle unsere Handlungen und Gedanken, unsere Gefühle und Neigungen wiederspiegelt. Es gibt Ideen, welche den Menschen als Probir-Steine für alle Handlungen und Thaten des wirklichen Lebens dienen. Unter diesen Ideen sind die hervorragendsten die vom *Wahren, Guten, Schönen* und *Gerechten*.[1] Diese Ideen sind ‹die ersten Elemente des Gedankens, das Licht das mehr oder weniger ein jedes menschliche Gewissen erleuchtet und führt›. Diese Ideen sind jedem gesellschaftlichen Zustande, jedem Menschen, jeder Nation und jeder Epoche eigen. Unter diesen Ideen sind die der *Gerechtigkeit* und des *Rechtes* von besonders hervorragender Bedeutung für das menschliche Leben: sie verleihen uns das Vermögen das Gerechte vom Ungerechten zu unterscheiden, sie lehren uns die Grundsäulen des gesellschaftlichen Lebens erkennen, und die ersten Bedingungen aller vorhandenen Einrichtungen und Beziehungen zwischen Nationen schätzen.

Nicht also das internationale, sondern das natürliche Recht ist bei dem Verkehr der civilisirten Nationen mit denen Asiens anzuwenden. Die Grundsätze, die Ideen und Abstraktionen, die moralischen und juridischen Regeln, welche diesem Rechte entstammen, müssen also den Verkehr zwischen diesen beiden Klassen von Nationen regeln. Das natürliche Recht weist alle abstrakten Grundsätze auf, die allen verschiedenen menschlichen Beziehungen und Lagen angepasst werden können: Es zieht seine Schlüsse aus der Vernunft und der Natur des Menschen und es bleiben seine Bestimmungen wahr und unverrückbar bis zu dem Augenblicke, wo jene Vernunft und jene Natur in anderer Weise aufgefasst werden und einer neuen Auffassung des menschlichen Lebens und seines Endzweckes, Raum geben.

---

[1] Vgl. Ahrens, Cours de droit naturel, ou de philos. du droit, t. I, S. 105 u. ff.

In Asien wird also aus dem internationalen Recht das natürliche
Recht; dieses verlangt gleichfalls, dass das gegebene Versprechen
gewissenhaft ausgeführt, dass Leben und Eigenthum als heilig und
unverletzlich anerkannt werden, und dass die bösen Triebe und Leidenschaften den gerechten, ehrlichen und grossmüthigen Eingebun-
gen weichen. Es wäre kindisch, von Nationen, die sich in diesem
Naturzustande befinden, Handlungen zu fordern, welche nur aus
einem aufgeklärten Gewissen hervorgehen und sich nur durch die
Interessen-Solidarität und die gegenseitigen Bestrebungen nach einem
und demselben sozialen Endzweck erklären lassen. Die Anwendung
des natürlichen Rechtes bei den Beziehungen der Völker, erheischt
weder ein Bewusstsein der Nothwendigkeit internationaler Beziehungen, noch ein überlegtes Zusammenwirken bei der Verfolgung gemeinsamer Ziele, noch eine gemeinschaftliche Thätigkeit der Völker auf dem Wege des Fortschrittes.

Angesichts der wesentlichen Verschiedenheit in dem Verkehr mit
Halbwilden, oder mit den Barbarenvölkern Asiens, muss die europäisch
Diplomatie auf diesem neuen Terrain ihr Auftreten, ihre Aktionsmittel und ihre Ziele ändern. Es scheint uns auf den ersten Blick
unbestreitbar, dass die europäische Diplomatie in Asien — wo internationale Beziehungen nur *de facto* bestehen, aber durch gar keine
festen Regeln des internationalen Rechtes bestimmt sind — sich weit
freier in ihrem Thun und von der Kontrolle einer aufgeklärten öffentlichen Meinung weit weniger belästigt fühlen muss. Diese Freiheit
des Handelns erklärt sich zum grossen Theile durch den Mangel
rascher Verbindungsmittel, durch die ungeheure Ausdehnung der
Territorien, auf welchen die Diplomatie thätig ist, durch die Unzu-
verlässigkeit der geographischen Bedingungen jener Gegenden, endlich durch die Schwäche und Unkenntniss der asiatischen Nationen
in Bezug auf die Mittel, ihre Rechte und Interessen zu vertheidigen.
Bei den gegebenen Verhältnissen ist es natürlich, dass oft ein Miss-
brauch der rohen Gewalt und unredliche Handlungen in den un-
bekannten und entlegenen Landstrichen einen freien Spielraum finden. Diese Missbräuche in der europäischen Diplomatie werden
nur zu häufig durch die Tücke und den betrügerischen Geist der
halbbarbarischen Nationen herausgefordert, und sind somit eine
Folge gebieterischer Nothwendigkeit.

Die Akte der Diplomatie Europa's in Asien weisen einen zwei-
fachen Gesichtspunkt auf, je nach den Staaten, mit welchen sie in
Beziehungen kam. Es gibt in Asien Staaten, wie Persien, China

und Japan, welche alle Bedingungen einer festen gesellschaftlichen Organisation aufweisen, und deren Regierungen im Stande sind, ihre Beziehungen zu den europäischen Nationen zu leiten, und die Verantwortlichkeit für die Unverletzlichkeit des Lebens und Eigenthums von Fremden auf sich zu nehmen. Mit diesen Staaten können sich internationale Beziehungen friedlich entwickeln und die nationale Selbstständigkeit dieser Völker muss auch als so unverletzlich wie die der civilisirten Staaten anerkannt werden, nur mit der wesentlichen Bedingung, dass die Regierungen von Persien, China und Japan stets im Stande seien, ihre Verpflichtungen gegen das Ausland zu erfüllen und in wirksamer Weise die Rechte der sich in ihren Territorien aufhaltenden Unterthanen der civilisirten Länder zu schützen. Unglücklicherweise bieten weder Persien, noch auch China und Japan, *alle*, zum wirklichen Schutz der Fremden nothwendigen Vorbedingungen. Die Bevölkerung jener Länder ist von der Nothwendigkeit internationaler Beziehungen noch nicht durchdrungen; von Zeit zu Zeit lässt sie ihren feindlichen Gefühlen gegen die Fremden freien Lauf; alsdann erheischen fürchterliche Attentate gegen das Leben und Eigenthum der Europäer eine energische Unterdrückung Seitens der Landesregierung und ein thatsächliches Einschreiten derjenigen europäischen Mächte, die bei den inneren Angelegenheiten der asiatischen Staaten interessirt sind. Endlich bieten weder die Sitten und Gebräuche, noch auch die Gesetze dieser asiatischen Staaten alle zu einer fortschreitenden Entwickelung nöthigen und auf der Basis einer vollkommenen Gleichheit und anerkannter Gegenseitigkeit begründeten Sicherheiten. Das ist der Existenzgrund der Konsular-Jurisdiktion in Asien. Die Abschaffung dieser Art Rechtspflege wird der beste Beweis sein, dass die dortigen Gesetzgebungen, *öffentliche* Gebräuche und Sitten vollkommen ausreichen, die Rechte der Fremden zu sichern. In diesem Falle würde das internationale Recht, in dem Verkehr mit diesen Ländern, an die Stelle des natürlichen Rechtes treten, und diese würden vollständig in die Gesellschaft der civilisirten Staaten aufgenommen werden. Ich erachte den Augenblick für die Abschaffung der Konsular-Rechtspflege noch nicht für gekommen, und zögere nicht, die Ueberzeugung auszusprechen, dass selbst die sympathische japanesische Nation, die mit einem beachtenswerthen und einer, alles Lobes würdigen Energie, den Pfad des Fortschrittes betreten, noch nicht dazu reif ist, ein wirkliches Mitglied in der Familie der civilisirten Nationen zu werden.

2*

Unter einem anderen Gesichtspunkt stellen sich die Beziehungen
mit den Stämmen Central-Asiens, mit den Chanaten von Ssamarkand, Buchara, Chokand, Kaschgar, Chiwa und Afghanistan dar.
Die wilden Völker jener Gegenden im Allgemeinen und die ver-
rufenen Turkmenen im Besonderen, haben noch gar keine feste,
gesellschaftliche Organisation; sie irren halb wild herum und leben von Mord und Plünderung. Die Regierungen der erwähnten Chanate aber wollen nicht, öfter aber auch *können* sie *nicht*
die Ordnung in ihren Besitzungen aufrecht erhalten, noch auch die
treue Erfüllung der übernommenen Verpflichtungen garantiren, oder
diejenigen ihrer Unterthanen züchtigen, welche in den Grenzterritorien
civilisirter Staaten plündern und Einfälle machen. Innere Wirren
sind in diesen Ländern eine chronische Krankheit; erbitterte Kämpfe
zwischen verschiedenen Thron-Prätendenten unterwühlen die Ordnung im Staate von Grund auf. Jeden Tag stehen Gut und Leben
der Fremden auf dem Spiele, denn die Bevölkerung ist von den wil-
desten Absichten und den schlechtesten Instinkten beseelt. Der
civilisirte Nachbarstaat ist gezwungen, einzuschreiten, Schadloshal-
tung zu verlangen, Sicherheiten zu Gunsten seiner Angehörigen zu
fordern, Beachtung der vereinbarten Verpflichtungen zu heischen,
und wieder neue Verbindlichkeiten aufzuerlegen, die mehr geeignet
sind, in Zukunft die Sicherheit der Grenzen, die Achtung des Lebens
und die Unverletzlichkeit des Eigenthums seiner Unterthanen zu
gewährleisten.

«Eine civilisirte Regierung»[1], so äussert sich J. St. Mill, «kann es
nicht vermeiden, Barbaren zu Nachbarn zu haben; wo solche vorhanden sind, wird es nicht immer genügen, eine in der Vertheidigung gegen Angriffe bestehende Defensiv-Position einzunehmen.
Ueber kurz oder lang, wenn die Geduld erschöpft ist, wird sich die
civilisirte Regierung gezwungen sehen, entweder die Barbaren zu
unterwerfen, oder sich eine hinreichende Autorität über sie zu
sichern und ihren Widerstand derart zu brechen, dass sie von ihr
abhängig werden». Der berühmte englische Philosoph führt als
Beweis seiner These die Geschichte der Beziehungen zwischen der
englischen Regierung und den Staaten der Eingeborenen Indiens,
an. Der Prozess des Gaekwar von Baroda, den im Jahre 1875 ein
englisches Gericht verurtheilte und entthronte, mag als Illustration

---

[1] Mill, Dissertations and Discussions, III, p. 168.

zu der von diesem bedeutenden Schriftsteller entwickelten These dienen.[1]

Wir können unsere Charakteristik der Beziehungen eines civilisirten Staates mit Barbaren oder Halbwilden nicht besser schliessen, als indem wir die nachfolgenden Erwägungen anführen, mit welchen das berühmte diplomatische Rundschreiben des Fürsten Gortschakow vom 21. November 1864 beginnt. Sie lauten:

‹Die Lage Russlands in Central-Asien ist die aller civilisirten Staaten, die sich mit halbwilden, sesslosen, jeder festen Organisation entbehrenden Völkerschaften, in Kontakt befinden.

‹In solchem Falle ereignet es sich stets, dass das Interesse der Grenzsicherheit und der Handelsbeziehungen vom mehr civilisirten Staat die Ausübung eines Einflusses über seine Nachbarn fordert, die durch ihre nomadischen, unruhigen Sitten sehr unbequem werden.

‹Zuerst gibt es Einfälle und Plünderungen zu unterdrücken. Um diesen ein Ende zu machen, muss man die Grenzvölker zu einer mehr oder minder direkten Unterwerfung bringen.

‹Hat man einmal dieses Resultat erzielt, so werden diese Völker ruhigere Gewohnheiten annehmen, aber nun ihrerseits den Angriffen der entfernteren Stämme ausgesetzt sein.

‹Der Staat wird gezwungen sein, sie gegen die Räubereien zu vertheidigen und die Urheber derselben zu bestrafen. Daraus entstehen dann die weiten, fortgesetzten und periodischen Expeditionen gegen einen Feind, der vermöge seiner sozialen Organisation nicht zu fassen ist. Beschränkt man sich darauf, die Plünderer zu bestrafen, und zieht sich zurück, so ist die Lehre bald verwischt; der Rückzug wird als Schwäche ausgelegt. Besonders die asiatischen Völker achten nur die sicht- und fühlbare Macht, die moralische Kraft der Vernunft und der Interessen der Civilisation wirkt noch nicht auf sie. Die Aufgabe muss also stets neu begonnen werden.

‹Um diesen beständigen Unordnungen Einhalt zu thun, errichtet man in Mitte der feindlichen Bevölkerungen einige befestigte Punkte und übt auf sie allmälig einen Einfluss aus, der sie zu einer mehr oder minder gezwungenen Unterwerfung bringt.

‹Indessen beschwören bald jenseits dieser zweiten Linie andere

---

[1] Die sieben von der engl. Regierung während d. J. 1873, 1874 und 1875 bezüglich dieses Prozesses veröffentlichten Blaubücher sind sehr interessant. Insbesondere der 1. Band : Report of the commission appointed to inquire into the administration of the Baroda State. p. 8, 11, 13, 17, 62 etc.

entferntere Völker dieselben Gefahren und dieselben Gegenmaass-
regeln herauf.

«Der Staat sieht sich also in der Alternative, entweder diese unauf-
hörliche Arbeit aufzugeben und seine Grenzen den fortwährenden,
jedes Gedeihen, jede Sicherheit und jede Civilisation; unmöglich
machenden Unordnungen auszusetzen, oder immer mehr in die Tiefe
jener wilden Länder vorzudringen, wo sich bei jedem Schritte die
Entfernungen, die Schwierigkeiten und die übernommenen Lasten
vergrössern.

«Das war das Schicksal aller Länder, die unter gleichen Verhältnissen sich befanden. In Amerika wurden die Vereinigten Staaten,
in Algier Frankreich, in Indien England unaufhaltsam dahin gebracht, jenen fortschreitenden Gang zu verfolgen, wobei *weit weniger der Ehrgeiz als die dringende Nothwendigkeit die Triebfeder ist,
und wo die grösste Schwierigkeit darin liegt, dass man es versteht,
Halt zu machen*».

Diese von Meisterhand in dem angeführten diplomatischen Dokument geschilderte Art des Vorgehens der civilisirten Staaten in
Mittel-Asien hat die Richtung der militärischen Operationen bestimmt und die Schritte der Diplomatie geleitet.

Betrachten wir nun, wie speziell das Vorgehen der russischen
Truppen in Mittel-Asien stattfand, und welcher Art die diplomatischen Unterhandlungen waren, welche zwischen der englischen und
russischen Regierung aus Anlass der Fortschritte Russlands in jenen
Gegenden geführt wurden.

II.

Bald nach dem Krimmkriege vernahm man in Europa mit Erstaunen die Nachrichten von glänzenden Siegen russischer Truppen,
in unbedeutender Zahl über zahlreiche asiatische Armeen, jenseits
des Uralgebirges. Die Eroberung mehrerer asiatischen Städte gab
der englischen Presse zu den heftigsten und ungerechtesten Angriffen auf den maasslosen Ehrgeiz Russlands und seine stets gegen
England gerichteten Intriguen, Veranlassung. Das englische Volk
schrieb alle bei den Nomaden Mittel-Asiens gemachten Eroberungen
Angriffsplänen der russischen Politik gegen die britischen Besitzungen Indiens zu. Obschon selbst der ausgezeichnete englische
Geograph Rawlinson in seinem berühmten Memorandum v. J. 1868
anerkennen musste, dass ein natürliches Gesetz die Russen zum
Vormarsch nach Central-Asien nöthige, wollte der grössere Theil

der englischen Nation ihre Lieblingsidee nicht fallan lassen, nach der nämlich die Eroberung Ostindiens der Endzweck einer grossartigen mit moskovitischer Schlauheit kombinirten und mit asiatischer Feinheit ausgeführten Planes wäre. Den abgeschmacktesten Voreingenommenheiten maass man in England Glauben bei, die sonderbarsten Vorurtheile wurden wie Offenbarungen einer ausserordentlichen politischen Klugheit gepriesen; Befürchtungen, die auch der leisesten Begründung entbehrten, wurden Schlagwörter für alle diejenigen, welche die Sympathie und Zustimmung ihrer Mitbürger erringen wollten.

Wie ungleich einfacher hätte man die Eroberungen Russlands in Mittel-Asien erklären können! Wie viel naturgemässer hat sich dieser, sicherlich unfreiwillige Triumphmarsch der Russen in den Wüsten und Steppen Asiens vollzogen! Um wie viel logischer wäre es gewesen, wenn England sich darüber gefreut hätte, dass das einmal in die unendliche Bahn der Eroberungen, der Kämpfe und Annexionen eingetretene Russland sich gezwungen sah, seine Kräfte und seine Hülfsquellen zu vergeuden, mit dem Auslande Verwicklungen herbeizuführen, und den fortgesetzten Gang seiner innern Entwicklung zu verzögern und zu paralysiren! Unserer Ansicht nach musste England mit günstigem Auge diese Politik Russlands betrachten, welche dieses immer mehr in ferne, fruchtlose und gefährliche Abenteuer verwickelte. Aber das Misstrauen gegen die moskovitische Diplomatie, die Voreingenommenheiten und eingewurzelten Vorurtheile übten eine solche Wirkung auf die englische Nation aus, das die einfachste und vernunftmässigste Auslegung der Ereignisse in Asien gerade die wenigsten Gläubigen fand.

Es *mussten* ja sehr tiefe Hintergedanken vorhanden sein, und um so verborgener und feiner weil *Niemand* im Stande war, dieselben zu entdecken.

Aengstlich fragte man sich in England, welches der wirkliche Zweck der Eroberungen Russlands in Asien sei? Wie erklärt man, dass die russischen Truppen sich langsam aber fortschreitend den englichen Besitzungen in Indien nähern? Der Endzweck kann nur die Eroberung Indiens sein, gaben die Furcht, das Misstrauen und die eingewurzelten Vorurtheile den Engländern zur Antwort.

Erwägen wir nun, was die nüchterne Vernunft, die Wahrheitsliebe und die Kenntniss der Kräfte und Hülfsquellen Russlands auf diese Fragen erwiedern.

In der Jahressitzung der Londoner königlichen geographischen

Gesellschaft vom 22. Mai 1865 hielt der ausgezeichnete Präsident der Gesellschaft, der ehrenwerthe Hr. Roderick Murchison, einen sehr bemerkenswerthen Vortrag über die mittel-asiatische Frage, die schon zu jener Zeit das englische Publikum fieberhaft bewegte.

‹Man muss sich in's Gedächtniss rufen› sagte Sir Roderick, ‹dass die Zaren, lange vor den Ansiedelungen Englands in Ostindien, mit China und den grossen Chanaten von Buchara, Ssamarkand etc. einen Verkehr unterhielten. Seit undenklichen Zeiten durchziehen Karavanen das Territorium der kirgisischen Nomadenstämme, die lange Zeit unter der Herrschaft Russlands standen. In den letzten Jahren wurden jene Handelsbeziehungen oft durch Trupps kriegerischer Chokanden gestört, welche von den Bergen herunterstiegen, die Karavanen und die Kirgisen-Stämme in jenem russischen Grenzstriche ausplünderten, der sich zwischen dem Fort Petrowsky — am Syr-Darja, (früher Jaxartes) und dem grossen See Issikul, der sich nach der chinesischen Grenze hinzieht — befindet.

‹Zur Bestrafung dieser Unordnungen, hiess der Goúverneur von Orenburg die Kosaken-Stationen diese unfruchtbare Gegend, in welcher die Truppen keinen Unterhalt fanden, verlassen, und dieselben nach einem fruchtbaren Lande vorrücken, in welchem sich die Stadt Tschemkend befindet. Letzere wurde eingenommen. Das neu besetzte Gebiet bringt hinreichend Getreide und Gras hervor, um eine neue Kette von Kosaken-Posten zwischen dem Fort Petrowsky und dem See Issikul zu ernähren.

‹Diese Art vorzugehen gleicht derjenigen, welche unserer eigenen Regierung in Bezug auf Indien und allen Maraudeuren an unseren Grenzen gegenüber einschlug; aber die Thatsachen gaben zu den grössten Uebertreibungen Veranlassung; unter Anderem hiess es, Chokand sei eingenommen›.

‹Ich möchte», fuhr der ehrenwerthe Präsident fort, ‹jenen meiner Landsleute, welche die Karte Asiens nur in einem Maasstabe von hundert Meilen auf den Zoll studiren, die abgeschmackte Idee rauben, dass der Kaiser von Russland, wenn er den unfruchtbarsten und entferntesten Theil seines Reiches zur Operationsbasis nimmt, auch nur die leiseste Absicht gegen das englische Indien hegen könne.

‹Würde man, was ich mit meiner Kenntniss der kirgisischen Steppen leugne, die Mittel finden, einer grossen organisirten Armee durch die Wüsteneien des Oxus den Durchzug gegen jene Theile China's zu ermöglichen, mit welchen das russische Volk schon lange Handels-

beziehungen gepflegt hat, so könnte man nichtsdestoweniger mit voller Wahrheit und Bestimmtheit behaupten, dass ein Einfall in das britische Indien, welcher von der neuen russischen Grenze — von der chinesichen Seite — ausginge, die nur von einigen Kosakenposten besetzt ist, *eine reine Chimäre, wenn nicht eine physische Unmöglichkeit ist*».
Das war die Antwort, welche Sir Roderick Murchison auf die Frage, welche schon im J. 1865 das englische Publikum beschäftigte, gab. Die Autorität des Ausspruches Sir Roderick Murchison's, die Reinheit seines Charakters, sein erprobter Patriotismus waren unbestreitbar. Das Zeugniss einer solchen Autorität hätte abgeschmackte Vorurtheile verscheuchen und den unbedächtigen und voreingenommenen Anklägern Schweigen auferlegen müssen.

Leider konnte diese würdevolle Sprache und diese unbestreitbare Autorität, Jene nicht überzeugen, die um keinen Preis in dem Vormarsch der russischen Truppen etwas anders als die Ausführung tiefliegender Absichten gegen Indien und England erblicken wollten. Der Wunsch, mit dem Sir Roderick Murchison seine Rede beendete, der Wunsch, die während Jahrhunderten bestandenen freundschaftlichen Beziehungen zwischen Russland und England auf starker und dauerhafter Basis sich befestigen zu sehen — dieser Wunsch fand in England nicht das Echo, das ihm in dem Herzen der russischen Nation zu Theil wurde.

Schon im Jahre 1864 war die öffentliche Meinung in England in einem solchen Grade durch die russische Politik in den Wüsteneien Mittel-Asiens beunruhigt, dass das russische Kabinet sich bewogen fand, die Beweggründe seines Handelns klar zu legen, und das in's Auge gefasste End-Ziel zu präcisiren. Diese Auseinandersetzung findet sich im Rundschreiben vom Jahre 1864, dessen Anfang wir früher zu citiren Gelegenheit hatten. Fürst Gortschakow legt darin mit bemerkenswerther Klarheit und mit Freimuth die Probleme dar, welche Russlands Politik in Mittel-Asien zu lösen hat.

Nachdem der Beweis geführt war, dass es nothwendig geworden sei, die Einfälle und Unthaten der plündernden Stämme zu verhindern, erklärt die kaiserliche Regierung, dass sie vor der Alternative gestanden habe, entweder einen Zustand der Unordnung, der jede Sicherheit und jeden Fortschritt unmöglich macht, andauern zu lassen, oder sich zu kostspieligen Expeditionen in entlegene Gegenden zu verdammen, die kein praktisches Resultat liefern und stets von Neuem begonnen werden müssen, oder endlich die endlose Bahn der Eroberungen und Gebietsbesetzung einzuschlagen, welche England zum indischen Reiche geführt hat — und die darin besteht, dass man versucht, durch Waffengewalt die kleinen, unabhängigen Staaten nacheinander zu unterwerfen, welche durch ihr Plünderwesen und die fortwährenden Revolten ihren Nachbaren weder Rast noch Ruhe gönnen.

«Weder die eine noch die andere dieser beiden Alternativen entsprächen dem Ziel, das der Politik unseres erhabenen Zaren vorschwebt, und die nicht *darin* besteht, die unter seinem Scepter befindlichen Länder über jedes vernünftige Maass hinaus auszudehnen, sondern in denselben seine Herrschaft auf starke Grundlagen aufzubauen, deren Sicherheit zu gewährleisten, die gesellschaftliche Organisation, den Handel, das Wohlergehen und die Civilisation in derselben zu entwickeln».

Auf Grund dieser Erwägungen wurde folgendes System angenommen und nachstehende Grundsätze, mit Bezug auf Central-Asien, Seitens der russischen Regierung aufgestellt:

1. «Es wird als unerlässlich erkannt, dass die beiden befestigten Linien unserer Grenzen, die eine von China bis zum See von Issykul auslaufend, die andere vom Aral-See längs dem Syr-Darja sich erstreckend, durch befestigte Punkte vereinigt werden, so dass unsere Posten in der Lage sind, sich gegenseitig zu unterstützen und gar keinen Zwischenraum frei zu lassen, wo ungestraft Plündereien und räuberische Einfälle der Nomadenstämme stattfinden könnten».

2. «Es ist sehr wesentlich, dass die auf diese Weise vervollständigte Linie unserer vorgeschobenen Forts sich in Gegenden befinde, deren Fruchtbarkeit nicht nur für die Approvisionirung genüge, sondern auch regelrechte Ansiedelungen erleichtere, welche allein dem besetzten Gebiete eine gedeihliche und gesicherte Zukunft bereiten können, indem sie die benachbarten Völkerschaften dem civilisirten Leben zuführen».

3. *«Endlich ist es dringend geboten, diese Linie in einer bestimmten Weise festzustellen, um jenem gefährlichen und fast unvermeidlichen Fortgerissenwerdeu zu entgehen, welches durch Repressionen und Repressalien eine unbeschränkte Ausdehnung zur Folge haben könnte».*

Die Freimüthigkeit der Sprache in diesem diplomatischen Aktenstücke setzte Viele in Erstaunen. Man mochte es nicht glauben, dass die russische Regierung wirklich die aufrichtige Absicht hege, in ihren Eroberungen inne zu halten und die aus eigenem Antriebe gezogene Grenzlinie nicht zu verletzen. «Dieses Manifest», so sagte man sich, «ziele nur darauf hin, die Ausführung machiavellistischer Pläne gegen England und Indien zu verbergen».

Die Ereignisse schienen diesen Verdacht zu rechtfertigen, Russland hielt bei der Eroberung Turkestans und der Stadt Tschemkend nicht inne. Im Anfang des Jahres 1865 wurde eine neue Expedition längs dem Syr-Darja (Jaxartes) gegen den Emir von Buchara abgesandt und die Stadt Taschkend genommen und annektirt. Im Jahre 1866 erneuerten sich die Feindseligkeiten gegen den Emir von Chokand. Nach neuen und glänzenden Siegen der russischen Truppen wurde die Stadt Chodshend sammt einem Theil der Besitzungen des Emirs annektirt. Alle diese Gebietserweiterungen wurden in die damals geschaffene und unter die Autorität eines General-Gouverneurs gestellte Provinz Turkestan, dessen Residenz in Taschkend errichtet wurde, einverleibt.

Diese Operationen in Mittel-Asien riefen in England selbstredend eine tiefgehende Bewegung hervor. Man suchte zu beweisen, dass alle in jenen Gegenden von der russischen Regierung ergriffenen Maassregeln in schreiendem Widerspruch mit den feierlichen Erklärungen des November-Cirkulars wären. Man behauptete mit mehr Geist als Vernunft, dass die Tinte, mit der jenes Rundschreiben geschrieben wurde, noch nicht die Zeit zum Trocknen gehabt habe, als schon alle, in diesem Aktenstücke gegebenen Versprechungen verletzt und zu todten Buchstaben geworden waren. Auch Sir Henry Rawlinson wiederholt dieselbe geistreiche Anklage in seinem Memorandum vom 2. Juli 1868.

Wir hegen nicht die Absicht, das Rundschreiben vom 25. November gegen ähnliche Anschuldigungen zu vertheidigen.

Auch ist es keineswegs unsere Aufgabe, für irgend Jemanden zu plaidiren. Die Wahrheit und der gesunde Menschenverstand haben weit berufenere und kompetentere Vertheidiger gefunden. Auf die Anklage Sir Rawlinson's antwortete im Jahre 1870 der right honorable Sir Andrew Buchanan, zu jener Zeit Botschafter Ihrer britischen Majestät am Hofe zu St. Petersburg. In seiner Depesche an Lord Clarendon, vom 24. Januar 1870, schrieb Sir A. Buchanan unter Anderem nachfolgende Zeilen: «Was die mittel-asiatische Frage im Allgemeinen anlangt, so können wir bereitwillig glauben, dass Fürst Gortschakow sein Cirkular über die Linie von Taschkend (das Circular vom 21. November 1864), welche die Russen nie überschreiten sollten, niemals geschrieben haben würde, hätte er die Ereignisse, die jenem Akte auf dem Fusse folgten, voraussehen können. Ge-

genwärtig indessen ist es natürlich, dass die (russische) Regierung
sich alle Mühe nimmt, aus dem erworbenen Territorium auf kluge
oder nicht kluge Art eine Einnahmequelle für das Reich zu machen;
es wird indess angenommen, dass dies jetzt nicht der Fall ist. Im
selben Maasse ist es gewiss, dass Russlands Minister der auswärtigen Angelegenheiten, diese Ausdehnung der Grenze energisch be-
kämpfte».

Niemand wird den ehrenwerthen Sir A. Buchanan der Schwäche gegenüber Russland zeihen; aber als rechtschaffener Mann musste er
die Wahrheit sagen, und durch seine besondere Ausnahmestellung
in St. Petersburg, die ihn in die Lage versetzte, über die wahren
Absichten der russischen Regierung unterrichtet zu sein, erlangt sein
Zeugniss einen überaus hohen Werth.

Uebrigens sieht man, wenn man den Anfang des November-Cirkulars mit Aufmerksamkeit und ohne Voreingenommenheit liest,
in jeder Zeile die Furcht durchschimmern, dass die Ereignisse die
russische Regierung nöthigen und nach jener Richtung vorwärts drängen könnten, in welche Umstände sie gezwungen haben, die nur
zu oft mit dem Willen und der Freiheit des Menschen ein Spiel treiben. In dem Charakteristischen des fortschreitenden Ganges der
civilisirten Staaten, die mit halb barbarischen Völkern in Berührung
kommen, liege nach dem Beispiele Englands selber, wie der Autor
jenes Rundschreibens beweist, eine gebieterische Nothwendigkeit,
und eine fatalistische Vorbestimmung zwingt diese Staaten, ihren
Eroberungszug, ihre Annexionen und mitlitärischen Expeditionen
fortzusetzen, um die schon gemachten Errungenschaften zu befestigen und die Ruhe der bereits unterworfenen Völker zu sichern. Die
grösste Schwierigkeit bestehe darin, erklärt das Cirkular, dass man
einzuhalten verstehe. Desshalb ist es unbestreitbar, dass die drei
Grundsätze, die in dem diplomatischen Aktenstücke kundgegeben
sind, sowie die genau bestimmte Grenzlinie unter jener ausdrücklichen
Bedingung in den Vordergrund gestellt wurden, dass eine «gebieterische Nothwendigkeit» nicht die russische Regierung zwinge, ihren
Marsch gegen Mittel-Asien fortzusetzen. Und desshalb vermögen
wir keinen schlagenden Widerspruch zwischen dem Cirkular vom
21. November 1864 und den späteren Annexionen Russlands in
Asien zu erblicken.

Unter zwei Bedingungen sind wir bereit, dieser Anklage eine Berechtigung zuzuerkennen: 1) wenn man uns beweist, dass es nicht
von dem Willen Russlands *unabhängige* Umstände waren, die ihm

das Schwert in die Hand zwangen und es dahin trieben, die Linie
von Tschemkend zu überschreiten, und 2) wenn man uns nachweist,
dass die ungeheueren Erwerbungen Russlands in Asien für dasselbe wirkliche Wohlthaten sind und bisher nicht mehr kosteten als
sie einbrachten. Der Doppelbeweis kann schwerlich, wenn über-
haupt, geliefert werden.

Wir würden uns unsererseits erlauben, dem Rundschreiben vom
21. November einen Vorwurf ganz anderer Art zu machen. Angesichts der eingewurzelten Vorurtheile und der Voreingenommenheiten gegen Russland in England hätte das Rundschreiben weniger
freimüthig und mehr *moskowitisch* sein sollen.

Wie man auch über das Rundschreiben vom 2. November 1864
denken möge — hat sich jedenfalls die eine Thatsache klar heraus-
gestellt, dass die Barbaren und Nomaden Asiens in gar keiner Weise
die guten Absichten Russlands anerkennen wollen. «Es ist klar»,
schreibt ein französischer Militär-Schriftsteller, «dass Ruhe und
Wohlbehagen in diesen Gegenden für Russland erst an dem Tage
eintreten werden, wo es die vier Staaten Chiwa, Chokand, Ssamarkand und Buchara annektirt haben wird».[1]

Geht man von diesem Gesichtspunkte aus, dass eine unabweis-
bare Nothwendigkeit Russland zur Eroberung der vier Chanate hin-
trieb, so wird es klar, dass alle diplomatischen Proteste, so lange das
erwähnte Ziel nicht erreicht war, unfruchtbar bleiben mussten. Die
englische Regierung brauchte indess Zeit, um zu der Ueberzeugung
zu gelangen, dass nur Waffengewalt die russischen Truppen auf-
halten könne.

Dem Himmel und dem gesunden Menschenverstande der Staatsmänner, deren Händen die Geschäfte in England und in Russland
anvertraut waren, verdanken wir es, dass diese schreckliche Even-
tualität, deren Folgen unberechenbar gewesen wären, — abgewen-
det wurde. Die diplomatischen Pourparlers der beiden Regierunger
zeugten stets von einem Geiste der Versöhnung und gutem Willen,
welcher für die Erhaltung guter Beziehungen günstig wirkte. Erst
während der letzten drei Jahre, nachdem in Downing Street ein kon-
servatives Ministerium eingezogen war und nachdem im Jahre 1875
die unerschöpfliche orientalische Frage wieder aufgeworfen wurde,
haben die Beziehungen Russlands zu England wegen Central-Asien
einen feindlicheren Charakter angenommen, und die Sprache in den
diplomatischen Noten ist weniger freundlich geworden.

---

[1] Paquin, La Russie et l'Angleterre dans l'Asie centrale. Paris 1878. p. 11.

Im Jahre 1865, zur Zeit als Lord Russell an der Spitze des Foreign office stand, war die Harmonie zwischen England und Russland eine vollständige. Lord Russell beauftragte Hrn. Lumley, den englischen Geschäftsträger in St. Petersburg, der russischen Regierung zu erklären, dass er die von Sir Roderick Murchison bezüglich der Frage Mittel-Asiens ausgesprochenen Gefühle vollständig theile, und dass er mithin gleichfalls überzeugt sei, dass alle Befürchtungen betreffs der Eroberung der britischen Besitzungen in Indien, «reine Chimären» wären. (Note Lord Russell's vom 31. Juli 1865). Nichtsdestoweniger schlug Lord Russell zur Beruhigung der in England durch die russischen Eroberungen erregten leidenschaftlichen Gefühle und um künftigen Missverständnissen zu begegnen einen Austausch diplomatischer Noten in Bezug auf die gegenseitigen Positionen Russlands und Englands in Mittel-Asien, vor.

Dieser Vorschlag fand Seitens der russischen Regierung nicht die gewünschte Aufnahme. Fürst Gortschakow erwiederte dem Geschäftsträger Englands, dass er irgend eine Nothwendigkeit eines Notenaustausches nicht erblicke, weil er als «praktischer Mann» die Nützlichkeit dieses Schrittes nicht einsehe. Der Kaiser von Russland habe bereits seine Absichten in Bezug auf die neuen Aquisitionen in Asien erklärt, und desshalb wäre eine neue Erklärung überflüssig. Angesichts der Besorgnisse des englischen Kabinets aber, geruhte Kaiser Alexander II. dem englischen Botschafter im Monat September auf's Neue zu erklären, dass «seine Regierung in Mittel-Asien gar keinen ehrgeizigen Plan hege; dass die Sprache seiner Regierung mit Bezug auf diesen Gegenstand von jeglicher Reserve, von jedem Hintergedanken gänzlich frei wäre.» Endlich wiederholte Fürst Gortschakow zu verschiedenen Malen dem Vertreter Englands die Versicherung, dass die Handelsinteressen und die Nothwendigkeit der Gewährleistung der Ruhe in den in Asien gemachten Gebietserwerbungen das End-Ziel der russischen Politik bleiben werden.

In wie weit die englische Regierung durch die freundschaftlichen Erklärungen Russlands zufriedengestellt war, lässt sich aus einer sehr bemerkenswerthen Depesche Sir Stafford Northcote's vom 26. Dezember 1867 erkennen. Derselbe nahm damals im conservativen Ministerium den hohen Posten des Staats-Sekretärs für Indien ein.

Nach umständlichen Vorschriften für den Vice-König von Indien mit Bezug auf seine Beziehungen zu Afghanistan, geht der Chef des

India-office auf die Frage Mittel-Asiens und den Fortschritt der russischen Waffen in diesen Gebieten über.

«In dieser Hinsicht», so sagt Sir Stafford Northcote, «erblickt die Regierung ihrer Majestät gar keinen Grund der Besorgnisse oder Eifersucht. *Die Eroberungen, die Russland in Central-Asien bereits gemacht, und diejenigen, welche es, wie es den Anschein hat, noch macht, stellen sich der englischen Regierung als die natürliche Folge der Umstände dar, in welchen Russland sich befand, und bieten nicht den geringsten Grund zu Vorstellungen, die Argwohn oder Furcht, mit Bezug auf dieses Land, hervorrufen könnten».*

Es ist wohl zu bemerken, dass dieses Ende d. J. 1867 gesagt wurde, als die russischen Truppen die Tschemkender-Linie schon seit geraumer Zeit überschritten hatten. Die von Sir St. Northcote unterstrichenen Worte sind also die beste Wiederlegung der gegen das russische Circular vom November 1864 gerichteten leidenschaftlichen Anschuldigungen. Ueberdies war Sir St. Northcote so freundlich, seine eigene unbestreitbare Autorität in dieser Frage jenen zur Seite zu stellen, die später ihre Kaltblütigkeit nicht verloren und die neuen Eroberungen Russlands in Asien durch ganz natürliche Ursachen erklärten. Es erübrigt uns nur, unser aufrichtiges Bedauern darüber auszusprechen, dass Sir Stafford Northcote als Schatzkanzler im Jahre 1878 nicht mehr jene Erklärungen und Beweismittel finden konnte, welche geeignet waren, jeder Furcht bezüglich der russischen Politik in Central-Asien zu begegnen und die er als Chef der India-office im Jahre 1867 der Regierung von Kalkutta mittheilte. Was damals ganz natürlich und gerecht war, musste es doch nun nicht weniger sein. Im Jahre 1867 vertheidigte Sir St. Northcote sogar das Prinzip des fortschreitenden Marsches Russlands in Asien; nun ist es aber unzweifelhaft, dass eben dieses Prinzip die *Ursache* der Aquisitionen Russlands in Mittel-Asien und der Beweggrund seiner Politik bis zum heutigen Tage war. Diese Ursache ist mit bewunderungswerther Vortrefflichkeit von Sir Roderick Murchison und Sir Stafford Northcote erklärt worden. Der einzige und allein gerechte Beweggrund der russischen Politik in Asien wurde vor der ganzen Welt feierlich und von den kompetentesten Persönlichkeiten Russlands auseinander gesetzt.

Indessen konnte man wahrnehmen, dass die öffentliche Meinung in England, vom Jahre 1868, weit grössere Besorgnisse als ehedem wegen des Schicksals von Ost-Indien an den Tag legte. Die englische Presse behandelte täglich die Frage Mittel-Asiens und trug mit seltenen Ausnahmen eine solche Voreingenommenheit gegen Russland zur Schau, dass sich das engliche Kabinet zur Forderung neuer beruhigender Erklärungen vom St. Petersburger Kabinet bestimmt sah. Die russophobe Partei in England wollte absolut die Rolle der Gänse vom Capitol spielen.

Wie vermochte man sich diesen neuen Ausbrauch von Gefühlen des Misstrauens und kindischer Furcht zu erklären? Waren die Eroberungen Russlands in Asien im Jahre 1868 bereits so weit gekommen, dass sich die Grenzen Indiens in der Schussweite der russi-schen Kanonen sich befanden?

Hatte sich die von so ausserordentlicher Freimüthigkeit und übel belohntem Vertrauen zeugende Haltung der russischen Regierung plötzlich verändert?

Nichts derartiges war im Jahre 1868 geschehen. Allerdings wurde Ssamarkand nach einer furchtbaren Niederlage, welche die russischen Truppen dem Emir von Buchara, dessen Hauptstadt gleichfalls vom Feinde besetzt wurde, beibrachten, für Russland gewonnen. Aber diese neuen Erfolge waren durchaus nicht unvorhergesehen uud konnten Niemand Wunder nehmen, da solche von allen kompetenten Autoritäten vorhergesagt worden waren.

Dem ehrenwerthen Sir Henry Rawlinson haben wir es zu danken, dass im Jahre 1868 in England wegen der Ereignisse in Mittel-Asien ein neuer Sturm sich erhob. Dieser englische Diplomat und Schriftsteller nimmt unter den europäischen Sommitäten, welche mit Sachkenntniss über den Zustand der Staaten in Central-Asien schreiben können, einen hervorragenden Platz ein. Sir Henry Rawlinson ist ein ausgezeichneter Geograph und ein Diplomat von unbestreitbarem Verdienst. Er besitzt indess einen grossartigen Uebertreibungssinn. Er ist tief überzeugt, dass die Kenntniss der politischen und sozialen Bedingungen in den Staaten Mittel-Asiens genüge, um ein unfehlbares Urtheil über die Absichten einer europäischen Grossmacht und die nächste Zukunft Asiens zu fällen.

Anfangs Juli 1868 unterbreitete Sir H. Rawlinson der englischen Regierung ein Memorandum, in welchem er mit dem ganzen Gewichte seiner anerkannten Autorität Meinungen, die von einem schlecht verhüllten Misstrauen gegen Russland durchdrungen waren, verfocht. Die in diesem, nun historisch gewordenen Aktenstücke, entwickelten Ideen wurden auch auf alle mögliche Weise im Publikum verbreitet, und Sir H. Rawlinson selbst half mächtig durch seine Schriften die Entwicklung jener Krankheit in England befördern, welche man das central-asiatische Fieber nennen könnte.[1] Nach unserer Ansicht ist es unbestreitbar, dass die neue Politik des Ministeriums Beaconsfield's gegen den Emir Schir-Ali und Russland, sehr stark vom Memorandum des Jahres 1868 beeinflusst wurde. In diesem Aktenstück wird man leicht das Programm der Politik von den ‹wissenschaftlichen Grenzen› erkennen.

Sehen wir nun, welcher Art die neuen Rathschläge sind, die Sir H. Rawlinson seiner Landesregierung bietet.

Gestützt auf die Geschichte aller Eroberungen Russlands in Mittel-Asien, beweist der Autor, dass die Tage der drei unabhängigen Staaten von Chokand, Buchara und Chiwa gezählt seien, und dass Russland ganz bestimmt seine Vorposten an den Ufern der Oxus aufstellen wolle. Angesichts einer solchen russischen Politik fragt sich Sir H. Rawlinson, welches das Schicksal von Englisch-Indien sein werde, nachdem der neue Zustand der Dinge in Central-Asien Platz gegriffen haben wird? Wird England durch die Machtausdehnung Russlands bis in die Tiefe Asiens, schwächer oder stärker werden?

Nach dem gelehrten Autor hätte ein grosser Theil des englischen Volkes — in der Annahme, dass, da wo Unwissenheit, Grausamkeit und die fanatische Anarchie der Usbeken herrschen, die Substituirung der Ordnung und Civilisation einer christlichen Regierung nur vortheilhaft sein könne — sich zu Gunsten eines Vorwärtsgehens der russischen Armee erklärt. Viele Engländer hätten sich schon im Voraus auf die zukünftige Entwicklung von geschäftlichen Beziehungen in jenen Gegenden gefreut. Dieser Gesichtspunkt lasse die politischen Rücksichten ganz ausser Acht. ‹In Russland›, meint Sir H. Rawlinson weiter, ‹habe die öffentliche Meinung mehr Scharfblick gezeigt, als die Mehrheit des Publikums in England und Indien. Die russische Presse habe *einstimmig* entschieden, dass diese Fortschritte (der russischen Armee) für England unangenehm (distasteful) wenn nicht gefährlich seien›. Als Beweis für diese kühne Behauptung liefert uns Sir H. Rawlinson einige Auszüge aus im Jahre 1867 in einer Moskauer Zeitung erschienenen Briefen des Hrn. Grigorjew. Nachdem er durch diese Auszüge bewiesen haben will, dass alle Welt in Russland sehnlichst eine Expedition nach Indien wünsche, geht der Verfasser auf die Prüfung der Frage

---

[1] Sein grösstes Werk über diese Frage ist unter dem Titel «England and Russia in the East» im Jahre 1876 veröffentlicht worden.

über, welche Gefahren in *Wirklichkeit* die Nachbarschaft Russlands in Central-Asien in sich berge? Er gibt zu, dass bis zum gegenwärtigen Augenblicke die englische Herrschaft in Indien noch nicht auf so feste Grundlagen errichtet sei, um jeder Gefahr und jeden Angriff von Aussen Trotz bieten zu können. Die unterworfene Bevölkerung Indiens werde Russland ein günstiges Feld für Intriguen bieten. In Folge der Unterwerfung von Buchara müsse Russlands Einfluss in Kabul vorherrschend werden. Sir H. Rawlinson legt einen besondern Nachdruck auf die Wichtigkeit Afghanistans für Indien. Allerdings erklärt er selber die Möglichkeit eines Finfalles Russlands in Kabul fast für chimärisch (allmost chimerical). Eine Armee, die gegen die Grenze Indiens marschire, würde ohne Zweifel die Route von Herat und Candachar einschlagen.

Aber England könne bei dieser Ausdehnung des russischen Einflusses in Afghanistan nicht gleichgültig bleiben: in diesem Lande müsse ausschliesslich der Wille Englands vorherrschen. Sir H. Rawlinson bekennt sich durchaus nicht zu der Politik Sir John Lawrence's, des derzeitigen Vice-Königs von Indien, welche als eine Politik meisterhafter Unthätigkeit (masterty inaetivity) gekennzeichnet wurde.

Seine Sympathien gehören vielmehr jener «famosen» Lehre Lord Auckland's, nach welcher man in den nord-westlichen Grenzen Indiens *eine starke und befreundete Macht* errichten müsse. Das ist die einzige Politik, die Sir H. Rawlinson als richtig und den Interessen der englischen Herrschaft in Indien angemessen erachtet.

Afghanistan sei das Land, wo England eine herrschende unangreifbare Stellung einnehmen müsse. Dieses Ziel müsse schnell und um jeden Preis erreicht werden. «Im Namen der Friedensinteressen, ruft er aus, im Namen des Handels, der moralischen und materiellen (wessen?) Entwicklung, kann man erklären, dass das Einschreiten in Afghanistan nun eine Pflicht geworden ist und dass die mässigen Opfer, oder die durch die Herstellung der Ordnung in Kabul auf uns genommene Verantwortlichkeit, in Zukunft als weise Oekonomie anerkannt werden».

Endlich gefällt sich Sir H. Rawlinson, um unwiderlegbar Russlands ehrgeizige Absichten zu beweisen, darin, den russischen Autoritäten einen herrlichen Plan zur Eroberung Indiens zuzuschreiben. «Wenn man auf der Karte den fortschreitenden Marsch der Russen n Central-Asien verfolgt, so wird man staunen über seine Aehnlichkeit mit den militärischen Operationen, welche bei Eröffnung von Parallelen gegen eine belagerte Festung gezogen werden».

Die erste Parallele wurde vor zwanzig Jahren vom kaspischen Meer, von Orenburg und den Steppen Sibiriens gegen Irtisch gezogen. Das war die «Observationslinie.» Die zweite Linie der «Demonstration» wird sich durch das Kaspische Meer und Karworodsk nach dem Oxus in den Süden Chiwa's hinziehen und dem Laufe des Oxus bis zu der Hochebene von Pamir folgen. Endlich würde sich die dritte Parallele von der Stadt Asterabad gegen die Grenze Persiens nach Herat und von da nach dem Oxus wenden, oder von Candachar nach Kabul. Die Besetzung von Merv würde dann bevorstehen und mit dieser würde Russland das «Schicksal» Indiens in Händen haben. Einmal auf dieser Basis eingerichtet, würde Russlands Position furchtbar sein.

Mit Rücksicht auf diese bevorstehende Gefahr empfiehlt Sir H. Rawlinson der englischen Regierung, rechtzeitig die geeigneten Maassregeln zur Beschwörung der Katastrophe zu ergreifen, welche um so fürchterlicher sein könne, als England die Zuneigung der seiner Gewalt unterworfenen Völker nicht besitze. Er empfiehlt, die dem Emir von Kabul gehörende Stadt Quetta irgendwie zu besetzen, die Verbindungen mit der afghanischen Grenze «zu vervollständigen und zu entwickeln», da deren strategischer Werth ganz unbestreitbar sei. Endlich wäre England verpflichtet, zur Sicherheit seiner Besitzungen in Indien, sich am Hofe Teheran's ebenfalls eine überwiegende Stellung zu sichern, um Persien vom Joche Russlands zu befreien.

Das ist in Kürze der Inhalt des Memorandum Sir Henry Rawlinson's.

Wenn man diese im Jahre 1868 ausgesprochenen Gedanken des englischen Staatsmannes liest, und sich die jüngsten Ereignisse Asiens in's Gedächtniss ruft, so wird man gleich uns erkennen, dass dieses Memorandum der englischen Regierungs-Politik als Programm diente; die Stadt Quetta ist mitten im Frieden durch englische Streitkräfte besetzt worden,[1] der letzte Krieg mit Afghanistan hat eine neue Regulirung der Grenzen zwischen diesem und Indien zur Folge gehabt; Kraft des Friedensvertrages mit dem Emir Jakub-Chan,

---

[1] Siehe Correspondence respecting the relations between the English government and hat of Afghanistan since the accession of the Ameer Shir-Ali Khan. London 1878. p. 47. etc.

soll Englands Einfluss in Kabul nicht nur vorherrschend, sondern ausschliesslich sein.

Sir H. Rawlinson kann mit dem erreichten Resultate zufrieden sein. Er ist der Schöpfer der «highly spirited» englischen Politik in Central-Asien. Die englischen Minister waren die gelehrigen Vollstrecker seines Rathes und seiner Vorschläge.

Wir halten es indess für verfrüht, schon jetzt zu behaupten, dass die jüngst durch England in Central-Asien erreichten Ergebnisse, die erhofften Früchte tragen werden. Wir erlauben uns Zweifel darob zu hegen, dass die durch den englischen Diplomaten empfohene Politik, wirklich den Lebensinteressen der brittischen Besitzungen in Indien am angemessensten gewesen sei. Wir werden ein ander Mal umständlich zu beweisen uns die Freiheit nehmen, dass die von Staatsmännern, wie Lord Mayo, Lord Northbrook, Herzog von Argyll, unterstützte Politik der «geschickten Unthätigkeit» des Sir John Lawrence, für das englische Indien weit vortheilhafter war, als die «highly spirited» Politik von Sir Henry Rawlinson, des Marquis v. Salisbury und des Grafen Beaconsfield.

Wir erachten es gegenwärtig als überflüssig das Memorandum v. J. 1868 einer ausführlichen Kritik zu unterziehen, ohnehin ist eine solche von mehr berufener Seite schon geübt worden. Wir wollen uns auf einige Bemerkungen beschränken.

Ausser den augenscheinlichen Widersprüchen, von welchen das Memorandum strotzt, finden sich darin ganz unrichtige Voraussetzungen. Wir haben die Art und Weise kennen gelernt, mit der Sir H. Rawlinson das englische Publikum, das an die Gefährlichkeit, die aus den russischen Eroberungen entstehen könnte, nicht glauben wollte, zu überführen sucht. Nach seiner Ansicht drängt in Russland die periodische Presse und alle Welt einmüthig zur Eroberung Indiens: Gegen diese Behauptung müssen wir uns auf das allerentschiedenste verwahren. Es ist falsch, dass eine solche Einstimmigkeit in der russischen Presse in den Jahren 1867 und 1868 vorhanden war; sie war nicht einmal im Jahre 1878 da, als es England gefiel, eine so offen feindselige Haltung gegen Russland einzunehmen. Es ist falsch, dass die Briefe des Hrn. Grigorjew, aus welchen H. Rawlinson so schwerwiegende Schlüsse zieht, die Gesinnungen und die Politik der russischen Regierung zum Ausdruck brachten. Hr. Grigorjew, ehemals Gouverneur der Kirgisen-Steppe und nicht von Ost-Sibirien, wie Hr. Rawlinson sagt, war im Jahre 1867 einfach Universitäts-Professor in St. Petersburg und hatte auf die russische Politik nicht den geringsten Einfluss. Uebrigens machte er selbst nicht den geringsten Anspruch auf eine Rolle, die ihm gar nicht gehörte! seine Verbindungen mit der auswärtigen Politik hatten seit vielen Jahren aufgehört und seine Briefe *konnten* nichts anderes als seine *persönliche* Meinung ausdrücken. Endlich konnte der engliche Botschafter in St. Petersburg, der im Jahre 1870 seiner Regierung rund heraus erklärte, dass der russische Minister des Auswärtigen der Grenzausdehnung Russlands in Asien keineswegs zugethan sei, dasselbe Zeugniss wohl auch im Jahre 1868 ablegen.

Was aber die Grundgedanken der Behauptungen und Vorschläge des Sir H. Rawlinson betrifft, so sind diese in bemerkenswerther Weise durch ihm gleich kompetente Personen, widerlegt worden. Das Memorandum wurde dem Gouverneur von Kalkutta mitgetheilt, und der Vice-König, Sir John Lawrence, ebenso wie der Ober-Kommandant der britischen Truppen, und noch andere hochgestellte Personen der indischen Regierung nahmen sich die Mühe, die irrige Beweisführung des Autors zurückzuweisen. Diese kritischen Bemerkungen wurden jüngst in dem früher citirten »Blaubuch» dem Publikum zugänglich gemacht. Fast alle Vertreter der englischen Regierung in Indien haben bei ihrer vollkommenen Kenntniss der Sachlage die Befürchtungen des Sir H. Rawlinson und seiner Partei als ungemein übertrieben hingestellt.

Ja noch mehr, sie hatten selbst den Muth zu erklären, dass bis dahin Nichts so sehr dem Prestige Englands und der Sicherheit seiner indischen Besitzungen geschadet habe, als diese Angstrufe beim leisesten Schritte, den Russland in Mittel-Asien ausführe.

In folgender Weise äussert sich Hr. Mansfield, der Ober-Kommandant der englischen Truppen in Indien, über diesen Gegenstand. »Man kann behaupten, dass der Alarm wegen der britischen Interessen in Indien, der sich gegenüber Russland äusserte, weit unvernünftiger ist (more unreasonable) als es sich sagen lässt. Als politische und militärische Grossmacht haben wir von Russland, ob es bei seinen gegenwärtigen Grenzen verbleibe oder seine Herrschaft bis zu unsern eigenen Grenzen vorschiebe, buchstäblich nichts zu fürchten. Diejenigen, welche aus irgend einem Grunde sich befleissigen die Lüge (falsehood) unserer Schwäche in Indien zu verbreiten, fügen uns grosses Unrecht zu. Wir sind in diesem Lande geradezu für jede Macht der Welt unbesiegbar, wenn wir uns nur selber treu bleiben.» (Provided we are true to ourselves.)[1]

---

[1] Correspondence respecting Afghanistan 1878. p. 75.

Hr. Oberst Taylor wagte sogar den ultra-paradoxalen Gedanken auszusprechen, dass es weit wünschenswerther wäre, die Beziehungen Englands zu Russland in einer Weise zu gestalten, dass eine dieser letztgenannten Macht in Central-Asien beigebrachte Niederlage, als ein Unglück für Civilisation und Fortschritt und damit zugleich auch als wirkliches Unglück für England erkannt werde. Hr. Taylor empfahl auf das Wärmste die weiteste und aufrichtigste Eintracht zwischen den «zwei christlichen Schwesternationen» hinsichtlich ihrer gegenseitigen Beziehungen in Central-Asien.

Nach unserer innigen Ueberzeugung ist dieser Gesichtspunkt der vernünftigste, den Interessen beider Staaten angemessenste und gleichzeitig der würdevollste, da diese Grossmächte dazu bestimmt sind die Elemente der Civilisation und der europäischen Kultur unter den Barbaren Asiens zu verbreiten.

Das ist aber unglücklicherweise nicht die Ansicht, welche in den Regierungskreisen Grossbritaniens sich geltend machte. Die kritischen Bemerkungen, welche so glänzend die Argumente Sir H. Rawlinson's widerlegten, hatten vorerst nichts weiter zur Folge, als eine zeitweilige Einstellung der von ihm empfohlenen Maassregeln. Das Misstrauen jedoch, welches die Feder des Verfassers des Memorandums geleitet, sollte bald und bei mehr als einer Gelegenheit zum Durchbruch kommen.

III.

Der durch das Memorandum Sir Henry Rawlinson's, hervorgebrachte Eindruck konnte nicht verfehlen, sich in der englischen Presse und den diplomatischen Beziehungen fühlbar zu machen. Gleiche Gefühle der Unruhe und des Misstrauens, wie die, von welchen jenes Dokument durchdrungen war, traten im Verkehr der beiden Regierungen an den Tag.

Schon zu Anfang des Jahres 1869, begann Lord Clarendon mit Baron Brunnow, damals russischer Botschafter, am Hofe zu St. James eine Besprechung und legte ihm die Frage vor, «wie man die öffentliche Meinung in England beruhigen und Verwicklungen zwischen den beiden Regierungen in Bezug auf Central-Asien vorbeugen könne?» Der engliche Minister schlug eine «jeden Kontakt verhindernde Zone», zwischen den Besitzungen beider Staaten in Asien vor.

Dieser Vorschlag wurde Seitens der russischen Regierung sofort angenommen, und Fürst Gortschakow beauftragte durch seine Depesche an den Baron Brunnow diesen Diplomaten, der englischen

Regierung zu eröffnen, dass nichts dem Gedanken des Kaisers besser
zu entsprechen vermöchte. Der Fürst benütze diese Gelegenheit,
um die englische Regierung nochmals einzuladen, sich aller alten
Voreingenommenheiten zu entäussern. ‹Lassen wir doch› schreibt
der Kanzler ‹jene Fantome vergangener Zeiten bei Seite, die beim
Lichte unserer Epoche zerfliessen müssen! Wir unsererseits. hegen bezüglich der ehrgeizigen Absichten Englands in Central-Asien
gar keine Furcht und haben ein Recht, das gleiche Vertrauen für
unsern gesunden Menschenverstand zu erwarten. Nur gegenseitiges
Misstrauen kann das Urtheil trüben. Endlich war der Baron Brunnow beauftragt dem englischen Kabinet die bestimmte Versicherung
zu widerholen, ‹dass Seine Kaiserliche Majestät Afghanistan als
ganz ausserhalb der Sphäre liegend betrachte, in der Russland zur
Ausübung eines Einflusses berufen sein könne. Kein Einmischen
und kein Einschreiten, *das mit der Unabhängigkeit dieses Staates im
Widerspruche* stände, läge in seinen Absichten›.

Dieses diplomatische Aktenstück verdient aus mehr als einem
Grunde unsere Beachtung. Zunächst gibt dasselbe nochmals Seitens Russlands den aufrichtigen Wunsch kund, um jeden Preis den
geringsten Vorwand zu vermeiden, der zu irgend einer Verwicke-
lung oder einem Missverständniss mit England Veranlassung geben
könnte. Ferner ist damit erwiesen, dass es Lord Clarendon war,
dem die Ehre der Autorschaft der so sinnreichen Combination einer
‹Zwischen- oder neutralen Zone›, zwischen den Besitzungen der
beiden Mächte in Asien gebührt. Der wichtigste Punkt der russischen Depesche vom Februar-März 1869 ist jedoch die Erklärung
bezüglich *Afghanistans.* Man wird sich entsinnen, dass gelegentlich der berühmten Mission des General Stoletow nach Kabul in
jüngster Zeit bei Schir-Ali, sowohl die englischen Blätter, als auch
die Minister zu wiederholten Malen erklärten, dass das Erscheinen
dieser Mission in Kabul in schreiendem Widerspruche mit den von
Russland bezüglich Afghanistans, gegenüber England übernommenen Verpflichtungen sei. Wollte man ihnen glauben, so hätte
Russland wiederum die feierlichsten Verbindlichkeiten verletzt, da
es sich verpflichtet hatt, in keiner Weise in die inneren Angelegenheiten dieses Staates sich einzumischen.

Indessen wäre es hier wohl zu beweisen überflüssig, dass Russ-
land vollständig berechtigt war, *feindselige* Maassregeln gegen eine
Macht zu ergreifen, welche vom Parlamente einen Kredit von *6 Mill.*
Pfd. St. behufs Kriegsvorbereitungen gegen Russland verlangt

hatte. Die elementarsten Grundsätze des unbestreitbaren Rechtes der Selbst-Vertheidigung, machten es ihm zur *Pflicht* gegen das kriegerische Aufbrausen der englischen Regierung zu Schutz-Maassregeln zu schreiten.

Aber es bleibt sonderbar, dass man die Erklärung des Fürsten Gortschakow v. J. 1869 gänzlich vergass, nach der Russland entschlossen war, sich nur in einer, der Unabhängigkeit Afghanistans nicht zuwiderlaufenden Weise in dessen Angelegenheiten zu mischen. Aus dieser Voraussetzung ergibt sich logisch, dass jedes, *mit der Unabhängigkeit* Afghanistans *nicht im Widerspruche* befindliche Einschreiten oder Einmischen, gerecht und erlaubt sei. Die Mission des General Stoletow in Kabul, war daher selbst vom Standpunkte der eingegangenen Verbindlichkeiten und gegebenen Erklärungen, vollständig legal: es ist in der That sicher, dass sie nicht gegen die Unabhängigkeit Afghanistans gerichtet war.

Hingegen hat es England verstanden, der Unabhängigkeit · Afghanistans durch den mit dem Emir Jakub-Chan geschlossenen Friedensvertrag, ein Ende zu machen.

Uebrigens muss man anerkennen, dass Russland selbst zu der irrigen Auslegung seiner Absichten, hinsichtlich Afghanistans, den Vorwand lieferte. Wir werden es mitansehen, dass die afghanische Frage stets auf dem Tapet bleiben und die russische Regierung wiederholt gezwungen sein wird, die Erklärung ihrer Absichten wegen dieses Staates zu erneuern. So klar, einfach und kategorisch, wie solche in der Depesche vom 7. März 1869 gehalten ist, war sie nicht immer. So sagte z. B. das russische Memorandum v. 17. April 1875 unter Anderem: «Nach diesem Ideengange könne man die Sache nicht anders auffassen, als dass Afghanistan einen *unabhängigen*, jeder Aktionssphäre Russlands entzogenen Staat bilde». Die letzteren Ausdrücke *könnten*, wenn sie nicht durch den allgemeinen Sinn des Aktenstückes erläutert, und mit den Schlussfolgerungen zusammengehalten werden, die Auslegung zulassen, dass Afghanistan unter allen Verhältnissen ausserhalb der Aktionssphäre Russlands bleiben solle. Im Hinblick auf die Depesche von 1869 und dem am Ende des Memorandums von 1875 gezogenen Schlussfolgerungen kann man gerechterweise die zuletzt citirten Worte nur in dem Sinne auslegen, dass dieser asiatische Staat so lange ausserhalb der russischen Aktion bleiben werde, als seine Unabhängigkeit dauern werde. Oder, mit anderen Worten, Russland habe sich einerseits verbindlich gemacht — in Angelegenheiten Afghanistans

mit der Absicht, dessen Unabhängigkeit anzugreifen — nicht einzuschreiten, andererseits diese passive Haltung gegenüber Afghanistan so lange zu beobachten, bis dieses aufhören werde, ein unabhängiger Staat zu sein.[1]

Wie dem auch sein mag; uns scheint es unbestreitbar, dass die
Depesche vom Jahre 1869 als *Basis* aller späteren Verhandlungen bezüglich Afghanistans betrachtet werden muss. In diesem Aktenstücke hat die russische Regierung ihre wirklichen Absichten in Bezug auf diese Frage einfach und kategorisch dargelegt. Will man
die auf den ersten Blick unentwirrbar scheinenden Widersprüche,
denen man manchmal in der diplomatischen Korrespondenz der
letzten Jahre begegnet, aufklären, so wird man immer auf die Erklärung vom Jahre 1869 zurückgreifen müssen.

Lord Clarendon zeigte sich durch die freundschaftlichen Erklärungen des Fürsten Gortschakow in der Depesche vom 7. März sehr
befriedigt. Indessen änderte er seine Meinung bezüglich Afghanistans. Hr. Rumbold, der Geschäftsträger Englands in St. Petersburg, erhielt den Auftrag, der russischen Regierung zu erklären,
dass das Londoner Kabinet beschlossen habe, Afghanistan nicht als
neutrales Territorium anzuerkennen, weil es nicht allen gestellten Bedingungen Genüge leiste. Der Chef der Foreign office schlägt vor,
dass der Fluss Oxus in der südlichen Gegend Buchara's als die ima-
ginäre Linie anerkannt werde, welche die Besitzungen der beiden
Staaten scheidet.

Dieser Meinungswechsel findet in dem Wunsche Englands, Afghanistan zur vollen, unbeschränkten Verfügung zu haben, seine natürliche Erklärung. Russland konnte dem neuen Vorschlage nicht
zustimmen. Sofort erklärte Baron Brunnow dem Lord Clarendon, dass,
da Chiwa sich im Süden des Oxus befinde, Russland diesen Strich
nicht als neutral anzuerkennen vermag, weil in diesem Falle der
Chan von Chiwa, ohne von Russland etwas befürchten zu müssen,
ungestraft seine Einfälle in russische Besitzungen fortsetzen könnte.[2]
Diese Bemerkung des Vertreters Russlands liess die Möglichkeit
einer Expedition gegen Chiwa klar durchblicken.

Noch war diese Frage nicht geregelt, als zu Anfang September

---

[1] Es gereicht uns zur Befriedigung, dass unsere Ansicht über die Depesche des Fürsten Gortschakow vom 7. März 1869 im Prinzip mit der des Herzogs von Argyll über-
einstimmt. Eastern question Bd. II, S. 289.
[2] Correspondence respecting Central-Asia, London 1873 (No. 2). V. Dep. Lord
Clarendon an Hrn. Rumbold 17. April 1869 (pag. 4).

des Jahres 1869 in Heidelberg zwischen dem Fürsten Gortschakow
und Lord Clarendon eine Zusammenkunft stattfand. Der englische
Minister bestand auf's Neue auf der Nothwendigkeit «eines neu-
tralen Terrains» zwischen den Besitzungen der beiden Reiche in
Mittel-Asien. Er meinte, dass die von England selbst gemachten
Erfahrungen bewiesen hätten, wie schwer es sei, die Aktionen der
Generale zu kontrolliren, deren Ehrgeiz keine Grenzen kenne. Russ-
land werde sich in der gleichen Lage sehen, und dann würde ein
Zusammenstoss zwischen Russland und England fast unvermeidlich.

Fürst Gortschakow schloss sich vollständig den Bemerkungen
Lord Clarendon's, bezüglich des maasslosen Ehrgeizes der Géné-
rale, an, und erwähnte insbesondere den General Tschernajew;
indessen meinte er, dass von dem neu ernannten General-Gouverneur Turkestans, General Kaufmann, Nichts zu befürchten sei.

Nach diesen Bemerkungen ging Lord Clarendon auf die fiktive
Linie über, welche die Besitzungen der zwei Mächte trennen sollte.
Er bestand auf's Neue auf der Linie am linken Ufer des Oxus.
Fürst Gortschakow hingegen wiess nochmals nach, dass diese Grenzscheide unannehmbar sei, da das Gebiet des Emirs von Buchara sich
jenseits des Flusses ausdehne und dieses Chanat unter Russlands
Einfluss bleiben müsse. Der Fürst erklärte, er gebe Afghanistan,
als dem geeignetsten neutralen Gebiete zur Erreichung des gewollten Zweckes, den Vorzug. Indessen bemerkte Lord Clarendon, dass
die Grenzen dieses Landes nicht genügend festgestellt seien, und
dass Konflikte zwischen diesem Lande und anderen Chanaten Mittel-
Asiens leicht eintreten und zu den bedauerlichsten Verwickelungen
Anlass geben könnten.

Nach dem Bericht zu urtheilen, den Lord Clarendon über diese
Unterredung an Sir Andrew Buchanan in seiner Depesche vom
3. September 1869 erstattete, hat der Ideenaustausch in Heidelberg
gar kein praktisches Resultat gehabt; unserer Meinung nach lassen
sich nur zwei Dinge konstatiren: dass die beiden Mächte darin einig
waren, eine neutrale oder Zwischenzone zur Scheidung der britischen
und russischen Besitzungen in Asien zu errichten, sich jedoch weigerten, Afghanistan als jenes neutrale Gebiet anzuerkennen, weil
dessen Grenzen nicht hinreichend festgestellt seien. Ausserdem
erhellt auch, dass Russland in keiner Weise dareinwilligen wollte,
die Grenzen Afghanistans bis zum linken Ufer des Oxus auszudehnen, oder diesen Fluss als Grenzlinie anzuerkennen.

Indessen sollte sich, Dank der Vermittelung des Hrn. Douglas

Forsyth, eine gewisse Annäherung der Gesichtspunkte Russlands und Englands vollziehen. 'Hr. Forsyth, der einen hohen Posten in der indischen Regierung bekleidet, wurde vom Vice-König von Indien, Lord Mayo, beauftragt, sich behufs eines Ideen-Austausches, wegen der' angeregten Fragen, nach St. Petersburg zu begeben. Als Hr. Forsyth zu Ende des Jahres 1869 in St. Petersburg eintraf, hatte er mehrere Unterredungen mit den russischen Staatsmännern. Hierüber äussert sich das Memorandum der russischen Regierung, das im April 1875 dem englischen Kabinet mitgetheilt wurde, wie folgt:

«Die Erwägungen, welche den vertraulichen Erklärungen des Hrn. Forsyth mit dem Kaiserlichen Kabinet zum Ausgangspunkt dienten, lassen sich, wie folgt, zusammenfassen:

1. Die beiden Regierungen wären vom gleichen Wunsche beseelt, so weit als es von ihnen abhing, jedem Grund des Missverständnisses vorzubeugen, welcher in Folge des Mangels einer politischen Organisation der in der Geographie unter den Kollektiv-Benennungen Afghanistan und freies Turkestan bekannten unabhängigen Staaten, entstehen könnte.

2. Man war darin einverstanden, dass die bis dahin Seitens Englands und Russlands in dem einen oder anderen Theile Mittel-Asiens unternommenen militärischen Expeditionen, und die vorgenommenen Gebietsergänzungen zu ihren Territorien, den beiden Staaten nur durch die Macht der lokalen Verhältnisse und die absolute Unmöglichkeit anders zu handeln, aufgedrängt worden sei.

3. *Bei der jetzigen Lage der Dinge bliebe, da die russischen und englischen Grenzen in Central-Asien nicht als unverrückbar angesehen werden können, ein internationales Arrangement über diesen Punkt ohne Wirkung;* das beste Mittel, zu einem befriedigenden Resultat zu gelangen, bestände also darin, sich darauf zu beschränken, nach Möglichkeit allgemeine Grundlagen für das politische Gleichgewicht der Länder festzustellen, welche die russischen und englischen Besitzungen in Asien trennen.

«*In Folge dessen wurde vereinbart*:

1. Die gegenwärtige, im wirklichen Besitze Schir-Ali-Chan's befindlichen Gebiete, bilden die Grenzen Afghanistans.

2. Der Emir darf ausserhalb dieser Grenzen weder Einfluss üben, noch sich einmischen, und die englische Regierung wird Alles aufbieten, um ihn von jedem Angriff-Versuch abzuhalten.

3. Die kaiserliche Regierung wird ihrerseits ihren ganzen Einfluss

aufbieten, um den Emir von Buchara von jedem Eingriff in das afghanische Gebiet abzuhalten.

«*Diese Grundsätze*» -- heisst es ferner im Aktenstücke der russischen diplomatischen Kanzlei — «*erhielten die volle Zustimmung des Londoner Kabinets und der indischen Regierung*».[1]

Diese Darlegung der Unterhandlungen mit Hrn. Douglas Forsyth wurde der Gegenstand eines Protestes Seitens der englischen Regierung, die dem St. Petersburger Kabinet ein Memorandum (als Anhang an die Depesche Lord Derby's vom 25. Oktober 1875) mittheilen liess, nach welchem Hr. Forsyth weder ermächtigt war, die Besprechungen hinsichtlich der neutralen Zone zu erneuern, noch auch darein zu willigen, dass Afghanistan in Zukunft als dieses neutrale Territorium gelten solle.

Da wir nur die von der englischen Regierung veröffentlichten diplomatischen Aktenstücke zur Verfügung haben, können wir diese Frage mit Sicherheit nicht entscheiden. Wir werden uns daher nur folgende, auf Dokumenten des blue book beruhende Bemerkungen zu machen erlauben:

1. Nach den Beziehungen des Hrn. Forsyth zur englischen Botschaft in St. Petersburg zu urtheilen, konnten die Unterredungen dieses Beamten mit den Staatsmännern Russlands durchaus nicht jenen persönlichen und privaten Charakter haben, wie ihn das englische Memorandum hinstellt. Dieses Aktenstück selbst und die Beziehungen des Hrn. Forsyth bezeugen die Existenz von Instruktionen des Vice-Königs von Indien für seine Unterhandlungen in St. Petersburg.

2. Die russische Regierung behauptet im Memorandum durchaus nicht, dass Hr. Forsyth die Frage der neutralen Zone auf's Neue aufgeworfen hätte. Die Unterredungen Lord Clarendon's mit dem Fürsten Gortschakow in Heidelberg hätten zur Genüge gezeigt, dass die Ansichten der beiden Regierungen bezüglich dieses Punktes zu sehr von einander abweichen, um ein Einverständniss erhoffen zu lassen. Die von der Regierung erhobene Frage der neutralen Zone wurde stillschweigend im Jahre 1869 von derselben aufgegeben.

3. Indessen bedeutete dieses Aufgeben durchaus nicht die Verzichtleistung auf das Aufsuchen der Mittel, die einer unmittelbaren Berührung der englischen und russischen Besitzungen in Asien begegnen könnten. Gerade um diesen — in den Augen der englischen Re-

---

[1] Correspondence respecting Central-Asia, I pag. 27 etc.

gierung -— kapitalen Punkt drehten sich die Verhandlungen. Es war somit natürlich, dass die Stellung Afghanistans die Beachtung der betreffenden Unterhändler auf sich zog. Nach dem Bericht des Hrn. Forsyth vom 2. November 1869 schliesst sich Fürst Gortschakow vollständig der Meinung des Lord Mayo an, nach der die Absendung russischer oder englischer Offiziere nach Afghanistan als «unzulässig» erachtet wurde.[1] Gegen diese Auslegung der Absichten Lord Mayo's hatte Hr. Forsyth keinerlei Einsprache erhoben. Angesichts dieses sehr wichtigen Umstandes ist es logisch, zu folgern, dass von beiden Seiten Afghanistan, als ausserhalb der Aktionssphäre Russlands und Englands stehend, d. h., als *neutral* erkannt wird.

Dieses Einvernehmen bezüglich der *Unzulässigkeit* englischer und russischer Offiziere oder Beamten in Afghanistan brachte die Beziehungen zwischen Russland und England hinsichtlich dieses Zwischenlandes auf die Basis einer gerechten und vernünftigen Gegenseitigkeit. Immerhin gibt selbst über diese wichtige Frage die veröffentlichte Korrespondenz zu Missverständnissen und Zweifel Anlass, die sich nur durch die Ungewissheit und die Befürchtungen, wie sie in den gegenseitigen Beziehungen der beiden Mächte herrschen, erklären lassen.

In seiner Depesche an Lord Clarendon vom 2. November 1869 unterbreitete der englische Botschafter seiner Regierung den Bericht des Hrn. Forsyth vom gleichen Datum. Im Postscriptum der Depesche sagt Hr. A. Buchanan, dass Fürst Gortschakow nichts Anstössiges darin erblicke, dass englische Offiziere Kabul besuchen, «obschon der Fürst mit Lord Mayo darin übereinstimme, dass russische Agenten[2] dieses nicht thun sollten».

Es liegt hier ein augenscheinlicher Widerspruch vor, aus dem ernstliche Missverständnisse entstehen mussten. Es muss diese Frage aufgeklärt und entschieden werden, welchem von beiden Dokumenten der Vorzug zu geben sei, dem Postscriptum des Hrn. A. Buchanan oder dem Bericht des Hrn. Forsyth? Die Wahl ist nicht schwer.

Der englische Botschafter führt in seiner Depesche an, dass er vor Absendung des Berichtes an Hrn. Forsyth nach London den

---

[1] Correspondence respecting Central-Asia 1873, pag. 13. His Excellency entirely reciprocated Lord Mayo's opinion regarding the inadmisability of sending any officer, either English or Russian to Afghanistan.

[2] Correspondence respecting Central Asia 1873, pag. 12.

Fürsten Gortschakow ersuchte, den Bericht durchzulesen und ihm zu sagen, ob die Gedanken, welche die russische Regierung Hrn. Forsyth mitgetheilt, treu wieder gegeben wären. Der Fürst las den Brief des Hrn. Forsyth laut durch und erklärte, dass er das Gesagte genau wiedergebe; er machte nur bezüglich der Provinz von Badakschan eine Bemerkung. Hrn. Forsyth's Fassung des Passus betreffs der Absendung von Offizieren nach Kabul ist daher vollkommen richtig. Das Postscriptum der Depesche des englischen Botschafters ist vom russischen Kanzler weder gelesen noch gebilligt worden und kann daher nicht den gleichen Werth mit dem Bericht des Hrn. Forsyth haben. Endlich ist es, Angesichts der Wichtigkeit der Frage für die indische Regierung wahrscheinlich, dass, wenn die Meinung des Fürsten Gortschakow wirklich den Instruktionen Lord Mayo's zuwidergelaufen wäre, Hr. Forsyth sicher einer solchen Auslegung der Absichten des Letzteren widersprochen hätte.

Der beste thatsächliche Beweis aber dafür, dass die Unterredungen mit Hrn. Douglas Forsyth in St. Petersburg darauf abzielte, aus Afghanistan ein unabhängiges oder Zwischengebiet zwischen den Besitzungen beider Staaten in Mittel-Asien zu machen, wird uns durch die Fortsetzung der diplomatischen Verhandlungen, bezüglich dieser wichtigen Frage, geliefert.

Im Mai 1870 theilte der englische Botschafter der russischen Regierung eine Depesche von Lord Mayo mit, welche auf Grund der angenommenen Prinzipien und des erfolgten Einvernehmens die Feststellung der Grenzen des Emirs von Afghanistan, Schir-Ali-Chan, vorschlug, und als Basis die von der indischen Regierung gesammelten Data annahm. Im Sinne dieser Depesche sollten alle derzeit im Besitze des Emirs befindlichen Provinzen als afghanisches Gebiet anerkannt werden. Nachdem indessen der General-Gouverneur von Indien konstatirt hatte, dass die Besitzungen Schir-Ali's im Norden und Nordwesten fast genau mit denen seines Vaters, Dost-Mohammed-Chan, zusammen zu fallen schienen, kam derselbe zu dem Schlusse, dass die Grenzen Dost-Mohammed-Chan's im Allgemeinen als diejenigen Grenzen angenommen werden könnten, welche im Norden und Nordwesten Central-Asiens das Königreich Afghanistan von den anderen Staaten zu scheiden bestimmt seien.

So führte also in der Depesche des Lord Mayo: «der Ausgangspunkt des gegenwärtigen *uti possidetis* von Schir-Ali» unmerklioh zu

der Annahme «des Besitzstandes Dost-Mohammed-Chan's als natürliche Grenze Afghanistans».[1]

«Man war aber», sagt das russische Memorandum vom Jahre 1875,
«darin übereingekommen, sich nur an diejenigen Ländereien zu halten, welche *ehemals* die Oberhoheit Dost-Mohammed-Chan's anerkannten und *sich noch in dem wirklichen Besitz Schir-Ali-Chan's befinden würden*.

Augenscheinlich ist der Unterschied in den Gesichtspunkten der
beiden Regierungen sehr wesentlich. Indessen erachtete es die
russische Regierung, bevor sie eine Entscheidung traf, für nothwendig, alle sicheren Daten, mit Bezug auf jene so ungenau gekannten
Gegenden, zusammen zu stellen.

Zwei Fragen mussten klargestellt werden: erstens musste der der-
malige Besitzstand Schir-Ali's konstatirt werden, und zweitens sollte
auf Grund des status quo die beste Grenzscheide für die Einfluss-
sphäre der beiden europäischen Mächte gefunden werden. Es er-
wies sich aus den vom General-Gouverneur von Turkestan gesammelten Daten, dass im Norden der Amu-Darja wirklich die Grenze
Afghanistans, von seinem Zusammenfluss mit dem Kuchta bis nach
Chodja-Saleh, bilde. Im Nordosten ergibt sich die Grenze jener
Gebietstheile, über welche Schir-Ali-Chan noch eine unbestrittene
Macht ausübt, durch den Zusammenfluss des Amu-Darja mit dem
Kuchta. Jenseits dieser Grenze ist die Souveränität der Emire un-
erfindlich und existirt nicht. So waren besonders die Provinzen
Badakchan und Vakhan der Macht Schir-Ali's durchaus nicht unter-
worfen. Aus diesem Grunde bestand die russische Regierung auf
der Anerkennung der Unabhängigkeit dieser Länderstrecken, welche
daher ausserhalb der dem Emir angewiesenen Grenzen zu verbleiben
hätten.

Die englische Regierung war hinsichtlich dieser beiden Länder
ganz anderer Ansicht. Sie suchte mit Hülfe der vom General-
Gouverneur von Indien beigebrachten Angaben zu beweisen, dass
Badakchan und Vakhan stets dem Emir von Kabul zugehört hätten
und gegenwärtig seine Macht anerkannten. Die russische Regierung hatte keinen Grund, die Genauigkeit ihrer eigenen Auskünfte
anzuzweifeln; die Daten des Londoner Kabinets konnte sie weder
als endgültig, noch auch als hinreichend überzeugend anerkennen.
Angesichts dieser wesentlichen Verschiedenheit in den gesammelten

---

[1] Depesche des Fürsten Gortschakow an Baron Brunnow vom 1. (13.) Nov. 1871.

Daten musste, um eine Lösung der Streitfrage herbeizuführen, die eine oder andere der beiden Parteien nachgeben. Die russische Regierung verstand sich dazu. In seiner Depesche vom 17. Oktober 1872 schlug Lord Granville derselben vor, diese endlose Controverse zu beschliessen. Die russische Regierung wollte die Regelung dieser Frage nicht hinhalten, und entschloss sich, um einen neuen Beweis ihrer freundschaftlichen und versöhnlichen Gesinnung zu geben, den englischen Vorschlag und die beantragte Abgrenzung anzunehmen. Fürst Gortschakow theilte diesen Entschluss in seiner Depesche vom 12. Januar 1873 der englischen Regierung mit, indem er erklärte, dass Russland in die Vereinigung Afghanistans mit Badakchan und Vakchan, und die Anerkennung der Unabhängigkeit Afghanistans in doppeltem Sinne, mit Bezug auf die inneren und äusseren Angelegenheiten dieses Landes, einwillige.

Diese wahrheitsgetreue Skizze der diplomatischen Unterhandlungen der Jahre 1869—1873 zeigt uns unwiderlegbar, dass die beiden Regierungen, nachdem man den Gedanken an eine neutrale Zone fallen gelassen hatte, darin vollständig einig blieben, zwischen ihren beiderseitigen Besitzungen in Asien eine Art *Puffer*, d. h. ein Land zu bestellen, welches als neutral und unverletzlich anzuerkennen wäre, um einem unmittelbaren Kontakt zwischen den besagten Besitzungen vorzubeugen.

Afghanistan sollte dieses *Puffer-Gebiet* sein, und England übernahm es, den Emir von Kabul von der Nothwendigkeit zu überzeugen, mit Russland und den seiner Hoheit unterworfenen Chanaten in Frieden zu leben. Seinerseits verpflichtete sich Russland zu einer ähnlichen Unterweisung an den Emir von Buchara, damit er Afghanistan nicht angreife.

Aus diesen Verhandlungen sowohl, wie aus diesen Verpflichtungen erhellt, dass eine wesentliche Veränderung der internationalen Stellung Afghanistans nothwendiger Weise alle von Russland und England übernommenen internationalen Verbindlichkeiten vernichten müssen. Die vollständige Unterwerfung Afghanistans unter die englische Regierung ist, Dank dem jüngsten Friedensschlusse mit dem Emir von Kabul, eine vollendete Thatsache. Von diesem Gesichtspunkte aus hat die zwischen England und Russland im Jahre 1873 getroffene Abmachung zur Stunde nur noch einen historischen und theoretischen Werth.

Wir kommen nun zu einer Angelegenheit, die sehr viel zur Entwicklung misstrauischer und feindlicher Gesinnungen zwischen Russland und England beitrug. Wir meinen die *Expedition nach Chiwa*, die im Jahre 1873 ausgerüstet wurde, und deren Ergebniss die Eroberung dieses Chanats und die Annexion eines Theiles des Landes an Russland war. Der. Chan von Chiwa wurde gezwungen, sich «den gehorsamen Diener des Kaisers aller Russen» zu nennen, und «auf das Recht direkter Beziehungen mit den Souveränen und Nachbar-Chanen zu verzichten».

In andern Worten, der Emir von Chiwa hat den russischen Behörden ein Kontroll-Recht bei der Regierung der ihm belassenen Besitzungen zuerkennen müssen.[1]

Alle Welt erinnert sich der Aeusserungen der Entrüstung, welche diese Friedensbedingungen mit dem Chan von Chiwa in England hervorriefen. Der grössere Theil der englischen Presse und viele hervorragende Schriftsteller, zögerten nicht, Russlands Regierung einer himmelschreienden Verletzung seiner feierlichsten Verbindlichkeiten zu beschuldigen.[2] Wie kann man, so riefen sie aus, mit einer Regierung unterhandeln, die so offen ihr gegebenes Wort, und absichtlich die klarsten und in keinerlei Weise misszuverstehenden Verpflichtungen geflissentlich verletzt.

Lassen wir nun die vollzogenen Thatsachen auf diese Beschuldigungen antworten.

Schon gegen Ende des Jahres 1869 fragte der Botschafter Englands mit sichtlicher Besorgniss die russische Regierung, ob es wahr wäre, dass eine Expedition gegen Chiwa beschlossen sei? Man antwortete mit nein, weil sich zu jener Zeit die russische Regierung noch der Hoffnung hingab, dass diese Operation vermieden werden könne. Während der Jahre 1870—1871 wurden die Interpellationen des englischen Vertreters immer dringender, und seit März 1870 konnte sich Sir A. Buchanan bereits davon überzeugen, dass der Chan von Chiwa absichtlich die russische Regierung herausfordere.[3] Man war in St. Petersburg so freundlich, den Botschafter Englands über die Besprechungen Russlands mit dem Chan von Chiwa unterrichtet zu halten. Im März 1872 schrieb Lord Loftus, welcher Sir A. Buchanan auf seinem Posten ersetzt hatte, an seine Regierung, dass die Expedition gegen Chiwa eine für den Frühling 1873

---

[1] Vgl. den Text dieses Friedens-Vertrages in der Archives du droit international, t. 1, p. 118 etc.

[2] Vgl. z. B. Rawlinson, England and Russia in the East, p. 328 u. s. w.

[3] Dep. des Hrn. A. Buchanan vom 8. März 1870.

beschlossene Sache zu sein scheine. Sie erfolgte thatsächlich; der Krieg endigte mit einer vollständigen Niederlage der chiwaischen Truppen. Die Hauptstadt des Emir's wurde genommen und er selbst musste sich glücklich schätzen, dass man ihm einen Theil seiner Besitzungen zurückerstattete.

Nie hatte, im Verlaufe der so häufigen Mittheilungen, von welchen soeben die Rede war, die englische Regierung gezeigt, dass sie die Klagen Russlands gegen den Emir von Chiwa nicht gerecht und zur Motivirung des Krieges genügend finde; sie bestritt es nie, dass Chiwa ganz in Russlands Aktionsphäre läge; sie hat sich daher nie gegen die Folgen des unbedachten Verhaltens des Emir's und seiner Niederlage verwahren können.

Es ist bekannt, worin diese gerechten Beschwerden Russlands gegen den Emir von Chiwa bestanden. Beständige Räubereien, Aufstachelungen zur Empörung unter den Russlands Ober-Hoheit unterworfenen Nomaden, Besteuerung der die russische Oberhoheit anerkennenden Kirgisen — endlich die Gefangennahme russischer Unterthanen, welche zu Sklaven gemacht wurden — das waren die Thatsachen, die schon längst eine glänzende Genugthuung Seitens Russlands forderten. «Und wir», so ruft ein ausgezeichneter englischer Staatsmann aus, «der mit seiner Unparteilichkeit nie Schacher trieb und die Interessen der Wahrheit nie den unüberlegten Leidenschaften der Massen opferte, «die wir 11 Millionen Pfund Sterling für die Befreiung einiger Unterthanen der Königin aus abyssinischer Gefangenschaft verausgabten, werden nicht müde, gegen den Kaiser von Russland zu eifern, welcher aus ähnlichen und anderen nicht minder gültigen Ursachen, welche sogar weit länger andauern, eine Expedition gegen Chiwa ausrüstete, und dieses Chanat in die Unmöglichkeit versetzte, fernere Plündereien zu verüben».[1]

Derselbe englische Staatsmann liefert uns das schätzbare Zeugniss zweier Männer von aussergewöhnlicher Kompetenz zum Beweise der Gerechtigkeit der Ansprüche Russlands gegenüber Chiwa. Sir John Mac Neil, der frühere Minister Englands in Teheran, erklärte dem Herzog von Argyll, dass er zur Zeit seines Aufenthaltes in Persien mehrere Male in der Lage war, die Freilassung der russischen, in Chiwa gefangen gehaltenen Unterthanen zu erwirken. Und Lord Northbrook erhärtete, dass, als er im Jahre 1873 den Gesandten des Chans von Chiwa in seiner Eigenschaft als Vice-König von Indien

---

[1] Duke of Argyll, The Eastern Question t. II. p. 308.

empfing, dieser eingestand, das es in Chiwa mehrere russische Gefangene gebe.[1]

Diese Thatsachen waren der englischen Regierung wohl bekannt. Ueberdies erhielt sie von den hochmüthigen und beleidigenden Antworten Kenntniss, welche jener wilde Steppenfürst der russischen Regierung zu geben sich erkühnte, als diese die Befreiung ihrer Unterthanen aus der Gefangenschaft und Schadenersatz für die begangenen Frevel forderte.

Unter solchen Umständen ist folglich kaum je ein Krieg gegen den Herrscher eines halb wilden Landes gerechter und nothwendiger gewesen.

Man wird uns erwidern, dass Russland keine Versprechungen geben und keine Verbindlichkeiten eingehen sollte, die es zu halten unfähig war. Russland durfte sich England gegenüber nicht dazu verpflichten, das Chanat von Chiwa nicht zu annektiren.

Wir behaupten aber auf die kategorischste Weise, dass Russland, mit Bezug auf Chiwa gar keine Verbindlicheit auf sich nahm und keinerlei Versprechen gab, die Besitzungen dieses Chanats nicht anzutasten.

In allen Verhandlungen mit England, hinsichtlich Central-Asiens, hatte die russische Regierung stets, und zwar auf die unzweideutigste Art bezüglich ihrer Aktionsfreiheit, die sie Niemandem opfern konnte, oder wollte, sich alle Rechte gewahrt.

Das berühmte' Circular vom 21. November 1864 hat durch unwiderlegbare Folgerungen nachgewiesen, dass insbesondere die asiatischen Völker nur die sichtbare und fühlbare Macht achten und dass, wenn man sich auf die Züchtigung der Plünderer beschränkt und sich dann zurückzieht, die Lehre bald verwischt ist, ferner, dass der Rückzug als Schwäche ausgelegt wird, und ein dringendes Gebot der civilisirten Regierung die Pflicht auferlegt, diese Barbarenvölker mehr oder minder gewaltsam zu unterwerfen.

Noch mehr. Im Februar 1869 lenkte Kaiser Alexander II. selbst die Aufmerksamkeit der englischen Regierung nochmals auf alle Schwierigkeiten der Lage Russlands in Asien. «Die Regierung Ihrer britischen Majestät», sagte der Kaiser dem Hrn. Andrew Buchanan, «wird mir wohl glauben, wenn ich sage, dass ich in Central-Asien keine ehrgeizigen Absichten hege; ihre eigene Erfahrung in Indien muss es ihr sagen, dass unsere Position in jenen Gegenden

[1] Duke of Argyll, The Eastern Question.

äusserst schwierig ist; unsere Handlungen daselbst hängen nicht so
sehr von uns, als von der Haltung und dem Benehmen ab, welche
die uns dort umgebenden heimischen Staaten uns gegenüber annehmen».

Der Kaiser fügte hinzu, dass, wenn unglücklicher Weise neue
Konflickte in Mittel-Asien entständen, so wären dieselben nicht von
ihm gesucht worden.[1]

Als später, im Jahre 1872, die Expedition gegen Chiwa sehr
wahrscheinlich wurde, bevollmächtigte man den Leiter des asiatischen Departements im auswärtigen Ministerium dem Lord Loftus
zu erklären, dass alle Schwierigkeiten in den Beziehungen mit Chiwa
in der überaus grossen Schwäche dieses Staates lägen. «Wenn wir
den Chan einmal zu züchtigen gezwungen sind, wird der ganze Staat
wie ein Kartenhaus zusammenstürzen. Wir thaten unser Möglich-
stes, den Chan zur Vernunft zu bringen, aber ohne Erfolg».[2]

So sah man es schon zu Anfang des Jahras 1872 nicht ohne Be-
sorgnis voraus, dass die unerfreuliche Expedition gegen den Chan
für die Regierung eine Quelle grosser Verlegenheiten sein werde.
Man erkannte, dass der Emir nicht im Stande sein werde, sein Ansehen aufrecht zu erhalten, und dass in diesem Falle nichts übrig
bleiben würde, als entweder ohne greifbare Resultate sich zurück-
zuziehen, oder das eroberte Land in einer Weise zu besetzen, durch
welche die Erfüllung der von dem Besiegten übernommenen Verbindlichkeiten gesichert sei.

Im ersten Falle hätte die russische Regierung einfach das Blut
ihrer Soldaten und das Geld ihres Volkes hingeopfert; im andern
Falle aber den höheren Zweck der Expedition erreicht und die
Sicherheit der theuer erworbenen Besitzungen für die Zukunft ge-
währleistet.

Eine Regierung, welche ihre Pflichten gegen ihr Land kennt, kann
in einem solchen Falle über ihre Wahl nicht unschlüssig sein.

Alle diese Thatsachen beweisen das Eine, dass nämlich Russland
keinerlei Absicht hatte, Chiwa zu erobern und zu annektiren.
Doch wurde mit Rücksicht auf die Vorstellungen Englands der Graf
Schuwalow Anfangs 1873 mit der speziellen Mission, das englische
Kabinet bezüglich der Expedition nach Chiwa zu beruhigen, nach
London gesandt. Derselbe konnte mit gutem Gewissen erklären,

---

[1] Depesche des Hrn. A. Buchanan vom 25. Februar 1860.
[2] Depesche des Lord Loftus vom 12. März 1872.

‹dass der Kaiser nicht nur nicht wünsche, Chiwa in Besitz zu nehmen, sondern dass im Gegentheil bestimmte Befehle zur Verhütung-
eines solchen Falles ertheilt wurden, und dass Weisungen abgegan-
gen seien, nach welchen die aufzuerlegenden Bedingungen jedenfalls
so gestellt werden müssen, dass eine andauernde Besetzung Chiwa's
in jedem Falle verhütet wird.[1]

In dieser Fassung berichtet Lord Granville das Ergebniss seiner
Unterredungen mit dem Grafen Schuwalow. Angenommen nun,
dass dieser Bericht tadellos genau sei, so erblicken wir in diesen
Worten in Uebereinstimmung mit dem Herzog von Argyll, keinerlei
internationale Verpflichtung. Graf Schuwalow bestätigte nur mit be-
stimmteren Ausdrücken alles das, was dem englischen Vertreter
mehrere Male gesagt worden war, nämlich, dass Russland im Augenblicke als die Expedition gegen Chiwa beschlossen wurde, gar keine
Absicht hatte, dieses Land zu erobern. Endlich ist die Thatsache
unbestreitbar, dass die Besetzung dieses Landes zur Verhütung
neuer Unordnungen und zur Herstellung eines Zustandes, der die
russischen Besitzungen gegen die Einfälle und Räubereien der
Chiwesen und Turkmenen sichern sollte, *nothwendig* war. Als Chiwa
besetzt wurde und man die Möglichkeit hatte, die innere Lage des
Landes kennen zu lernen, konnte man sich überzeugen, dass der
Chan auch mit dem besten Willen nicht im Stande war, mit Russland freundnachbarliche Beziehungen zu unterhalten. Die Folgen
der Expedition waren also unmöglich vorauszusehen und vom Willen
Russlands unabhängig.

Alle diese Erwägungen lassen sich in der bestimmten Behauptung
zusammenfassen, dass der im Jahre 1873 mit dem Emir geschlossene
Friedensvertrag gar kein Uebereinkommen zwischen Russland und
England verletzte, aus dem einfachen Grunde weil ein solches Uebereinkommen nicht vorhanden war. Nie ist das Chanat Chiwa neutral
erklärt worden; nie wurde die Unabhängigkeit dieses Landes wegen
Vorbeugung eines Zusammenstosses der englischen und russischen
Besitzungen in Asien — wie dies bezüglich Afghanistan der Fall
war — als unerlässlich anerkannt; nie hat Russland dareingewilligt,
seine Aktionsfreiheit in Bezug auf Chiwa preiss zu geben; nie war
ein Krieg gerechter, als der im Jahre 1873 gegen den Emir von
Chiwa unternommene.

Wir schliessen uns somit mit voller Ueberzeugung der Bemerkung

---

[1] Correspondance with Russia, respecting Central Asia 1873 (Nr. 3) Duke of Argyll,
loc. cit. II, 310.

des Herzogs von Argyll an, dass diejenigen, welche Russland auf
Grund einiger ersichtlich falsch gewählter Worte böswilliger Absichten zeihen, selber böswilligere Absichten an den Tag legen
als sie Russland aufbürden.[1] «Gewöhnlich haben wir», sagt der
Herzog von Argyll, «einige von Russland bezüglich seiner Absichten gemachte Aeusserungen und gewisse Erklärungen betr. seiner
Politik für bindende Versprechungen oder internationale Verpflichtungen angesehen. Aber die Mittheilung über eine Absicht ist noch
nicht unbedingt ein Versprechen. Eine Erklärung oder eine Behauptung mit Bezug auf Politik ist nicht nothwendigerweise eine
Verpflichtung».

Jedenfalls unterliegt es keinem Zweifel, dass Russland einen Theil
von Chiwa nach einem ruhmvollen und vollkommen gerechten Kriege
annektirte. Im Süden Afrika's annektirte England Transval — ohne
Krieg, ohne Sieg und ohne den geringsten Grund. Wenn Russland
durch die vollständige Unterwerfung Chiwa's nichts erreicht hätte,
als die Ausführung des 17. Artikels des Friedensvertrages, würde es
sich um die Menschheit verdient gemacht, und ein Recht auf den
Dank der ganzen civilisirten Welt erworben haben.

Der 17. Artikel sagt: «Das Manifest Said Mohamed-Ratkin-
Bochadar-Chans vom 25. Juli, welches alle Sklaven des Chanats in
Freiheit setzt, und die Sklaverei und den Menschen-Handel für immer
abschafft, bleibt in Kraft; die Regierung des Chan's verpflichtet sich
ausdrücklichst und mit all' ihrer Macht genau und gewissenhaft die
oben detaillirten Bestimmungen auszuführen».

Diese einzige Bedingung hätte alle Bedenken und kindischen Befürchtungen bei einer Macht zum Schweigen bringen sollen, welche
für die Abschaffung des Neger-Handels ungeheure Opfer gebracht hat.

IV.

Die Veröffentlichung des mit dem Emir von Chiwa geschlossenen
Friedensvertrages erregte einen Sturm in der englischen Presse und
brachte die öffentliche Meinung Englands fast bis zum Paroxismus
der Feindseligkeit gegen Russland.

Die englische Regierung sah sich genöthigt, den sich äussernden
Leidenschaften Genugthuung zu schaffen. In der Depesche vom
7. Januar 1874 beauftragte Lord Granville den britischen Botschafter in St. Petersburg, die Aufmerksamkeit der russischen Regierung

[1] Duke of Argyll, The Eastern Question II, p. 301.

auf die Gefahren zu lenken, welche das freundschaftliche Einvernehmen der beiden Regierungen, in Folge der durch die Eroberung Chiwa's in Central-Asien geschaffenen neuen Lage — bedrohen. Lord Granville fand es nicht praktisch, eingehend zu prüfen, ob die Bedingungen des Friedensinstruments mit dem Chan genau mit den Versicherungen des Grafen Schuwalow übereinstimmten. Aber er hielt sich für verpflichtet, der russischen Regierung von den Besorgnissen Kenntnis zu geben, welche in Afghanistan und Indien, durch die ausgestreuten Gerüchte über eine russische Expedition gegen Merv und die wilden Stämme jener Gegenden, entstanden seien. Lord Granville sah voraus, dass in diesem Falle jene Stämme sich gezwungen sehen, würden in der Provinz Herat des afghanischen Gebietes ein Asyl zu suchen, und dass damit ein Konflikt zwischen dem Emir von Afghanistan und den russischen Truppen fast unvermeidlch werden würde. Angesichts dieser Möglichkeit, drücke die englische Regierung die Hoffnung aus, dass Russland die Gefahren einer solchen Expedition in ernste Erwägung ziehen werde, und erkläre er sie ein für alle Male, dass die *Unabhängigkeit Afghanistans als eine Bedingung von höchster Wichtigkeit, für das Wohl und die Sicherheit des englichen Indien und die Ruhe in Asien angesehen werde.*[1]

Die russische Regierung fand sich veranlasst, gegen den in der Depesche Lord Granville's angenommenen Gesichtspunkt Englands Einspruch zu erheben, und die Schlussfolgerungen zu wiederlegen, welche diese Depesche aus früheren Mittheilungen über den Zustand in Central-Asien zog.

In seiner Antwort vom 21. Januar 1874, bestätigte der russische Kanzler auf's Neue die Absicht Russlands, Afghanistan als ausserhalb seiner Aktionssphäre liegend zu betrachten. Bezüglich Merv jedoch, welches weit von der Afghanistan zuerkannten Grenze liege, könne der Fürst-Kanzler gar keinen gerechten Grund für die Ansprüche Englands erblicken, sich zum privilegirten Protektor dieses Fleckens aufzuwerfen, welcher bisher der Zufluchtsort der unter dem Namen Turkmenen bekannten Räuber gewesen sei. Der Fürst Gortschakow erklärte, dass es ganz von den Turkmenen abhänge mit Russland in gutem Einvernehmen zu leben, «aber dass im Falle diese sich räuberische oder andere Angriffe gegen uns erlauben, wir genöthigt sein werden, sie zu züchtigen». Der Emir von Kabul

---

[1] Vgl. Memorandum der russischen Regierung vom 17. April 1875. — Corresp. respecting Central-Asia 1870 N. 1, p. 25. u. s. w.

könne Dank dem Einflusse, den er über diesen Stamm übe, der Ruhe Mittel-Asiens einen wirklichen Dienst leisten, wenn er demselben im Voraus die unvermeidlichen Folgen seines Benehmens gegen Russland begreiflich mache.

Dem Londoner Kabinet konnte diese Antwort des St. Petersburger Kabinets nicht gefallen; sie liess zu sehr durchblicken, dass Russland sich seiner Würde und Macht bewusst war, während man in England eine grenzenlose Nachgiebigkeit für alle Vorstellungen und Proteste erwartete, welche die englische Regierung betreffs ihrer Beziehungen zu den unabhängigen Staaten Mittel-Asiens erheben würde. Diesen, übrigens jeden Grundes entbehrenden, Ansprüchen gab die Depesche vom 21. Januar, ein förmliches Dementi.

Bald darauf (im Februar) wurde das englische Ministerium gewechselt. Als die konservative Partei im Parlamente eine beträchtliche Majorität erlangt hatte, wurde Hr. Disreali mit der Konstituirung des Kabinets betraut; das Ministerium des Auswärtigen fiel Lord Derby und das des India-office dem Marquis of Salisbury zu.

Dieses konservative Ministerium brachte in einigen Jahren eine radikale Revolution in der Lage der Dinge, bezüglich Central-Asiens, hervor. In dem Maasse, wie die Krisis in der Türkei zu nahm, wurden die Beziehungen zwischen Russland und England gespannter und weniger freundlich. Die damalige englische Politik in Mittel-Asien befindet sich mit der englischen Politik in der Orientfrage ganz in Uebereinstimmung; in der Türkei wie in Asien hatte England nur sein ausschliessliches Interesse im Auge. Beim Beginn der letzten Krise, welche die Balkan-Halbinsel durchmachte, hat sich die englische Regierung als Champion der türkischen Integrität hingestellt, und mit der Zerstückelung der Türkei und dem Abschlusse der englisch-türkischen Konvention vom 4. Juni 1878 geendigt. In Central-Asien erklärte England stets, dass die Unabhängigkeit Afghanistans der höhere Zweck aller seiner Bemühungen sei; der mit Jakub-Chan geschlossene Friedensvertrag machte aus Afghanistan einen halb-souveränen Staat, der fortan vom Willen des Vice-Königs von Englisch-Indien abhängen wird. Vom Jahre 1875 bis 1878 gab sich England den unzweideutigsten und feindlichsten Demonstrationen gegen Russland zu dem Zwecke hin, dessen Ansehen zu schädigen und ihm jede Genugthuung zu vereiteln, zu welcher die unberechenbaren, von der russischen Nation zu Gunsten ihrer, unter muselmännischem Joch befindlichen Brüder gebrachten Opfer es berechtigen. Der Berliner Vertrag hat in der Gesammtheit seiner Bestimmungen die durch Russland zu Gunsten der christlichen Bevölkerung in der Türkei gemachten Errungenschaften bestätigt; aber die Christen des Orients werden es sicher nie vergessen, dass, wenn nicht Alles, was sie forderten, erlangt wurde, und sie in ihren berechtigten Wünschen sich getäuscht sahen, dieses, Dank dem Widerstande Englands und jenem Oesterreich-Ungarns, seinem treuen Alliirten beim Berliner Kongress, geschah.

Die Stimmung, welche im Kabinet des Hrn. Disreali, mit Bezug auf Russland, herrschte, offenbarte sich bald in den gegenseitigen Beziehungen und .diplomatischen Verhandlungen selbst bei solchen Fragen, welche in keiner Weise die politischen Interessen dieser beiden Grossmächte zn berühren schienen. Die Haltung der englischen Regierung gelegentlich der Brüsseler Konferenz zur Kodificirung von Kriegsgesetzen und Gebräuchen, die durch die erhabene Initiatiative des Kaisers Alexander II. zusammenberufen wurde, zeigte uns das erste Symptom einer neuen Politik.

In der central-asiatischen Frage sollte diese Politik den Zustand der Dinge und die gegenseitigen Beziehungen Russlands und Englands ganz und gar verändern. Die treffende Erwiderung des Fürsten Gortschakow bezüglich der Aktionsfreiheit Russlands um Merv beruhigte weder die Regierung noch die Presse und die öffentliche Meinung in England. Während der vier Jahre von 1874—1878 bestürmte das Londoner Kabinet die russische Regierung, mit Fragen, um zu erfahren, ob die Absicht, eine Expedition gegen diesen interessanten Ort zu unternehmen, vorhanden sei. Der Vice-König von Indien, sowie die Regierung der Metropole bewiesen eine rührende Sorgfalt um Merv, welches dadurch ein berühmter Ort geworden ist. Der Herzog von Argyll weist nach, dass in England die Anhänglichkeit an Merv so allgemein und tiefgehend sei, dass dieselbe eine neue Wortbildung verdiene; fortan müsse man unter dem Worte *mervousness* eine sehr zähe Neigung für eine Sache oder Person verstehen.[1] Indess ist es wohl erlaubt zu fragen, was denn dieses Merv ist, um welches es sich in der diplomatischen Korrespondenz zwischen England und Russland handelt, und von dem fast auf jeder Seite die Rede ist.

«Es ist ein elendes Dorf», antwortet der Herzog von Argyll, und wir mit ihm, «oder höchstens eine armselige, kleine Stadt aus Lehmhütten, und unvertheidigt oder bloss von Lehmmauern (mud walls)

---

[1] Duke of Argyll, The Eastern Question, t. II, p. 370,

beschützt. Merv ist ein Räubernest».[1] Indessen wird man sich er-
innern, dass Hr. Rawlinson in seinem famosen Memorandum behauptete, dass, wenn Merv in die Hände der Russen fiele, die Route
nach Indien offen stände, und nichts die russischen Truppen am
Marsche nach Herat hindern könnte. Darauf erwiedert der Herzog
von Argyll sehr treffend, dass es etwas Anderes sei auf Merv los zu
marschiren und etwas Anderes in Merv eine Armee zu sammeln um
Herat besetzen zu können, das Hr. Rawlinson selbst als eine gewal-
tige Festung anerkennt.[2] Aber die englische Regierung ist anderer
Ansicht; sie besteht auf der Neutralität oder Unverletzlichkeit von
Merv und wird nicht müde, gegen den Marsch der russischen Truppen nach dieser Gegend zu protestiren.

Nichtsdestoweniger ist es unmöglich, den Forderungen Englands
die leiseste juridische oder politische Begründung zuzugestehen,
die eigentlich nichts anderes bezwecken würden, als den berühmten
Räubern, welche in Merv ein Depot der von ihnen auf der Land-
strasse geraubten Menschen und Gegenstände eingerichtet haben,
eine gewisse Sicherheit zu bereiten. Diese privilegirte Lage, welche
England Merv zu sichern sich bemüht, kann augenscheinlich nicht
immer währen, die englische Regierung selbst hat wiederholt konstatirt, dass der Merv bewohnende Stamm der Turkmenen russsische
Karavanen angreift und russische Unterthanen in die Sklaverei fort-
schleppt.[3] Im Jahre 1877 wurde General Lomakin durch 6,000 te-
keische Turkmenen angegriffen, die er nach einem Kampfe von
einigen Stunden vollständig schlug.[4]

Diese Umstände mussten England bewegen, vom Emir von Afghanistan nachdrücklich zu fordern, dass er seinen Einfluss auf die un-
ruhige und plünderische Bevölkerung Merv's ausübe und ihr eine
weniger feindselige Haltung Russland gegenüber anrathe. Der
General-Gouverneur von Indien bedeutete den Turkmenen auf in-
direktem Wege, dass «die Straflosigkeit eines Angriffes wahrscheinlich ganz von ihrem eigenen Benehmen abhängen würde. Wenn
die Turkmenen fortfahren sollten, gegen Russland Feindseligkeiten
zu verüben und friedfertige und ruhige Kaufleute zu plündern, so
würden sie der Züchtigung nicht lange entgehen». «Durch ihre

---

[1] Ibidem, p. 370.
[2] Rawlinson, dans le Quarterly Review. Januar 1879, p. 255.
[3] Corresp. resp. Central-Asia 1878 Nr. 1 (Nr, 7, pag. 11, Nr. 18, pag. 18, Nr. 37,
pag. 46).
[4] Ibidem, Nr. 110, pag. 110.

Handlungsweise», schloss der Gouverneur von Simla, «liefern die
Turkmenen den Russen einen gerechten Grund zum Kriege.₁
Somit haben die englischen Behörden selbst anerkannt, dass es
nothwendig war, den Räubereien und Plündereien der Turkmenen
ein Ende zu machen. Wie vermag man sich aber dann die Befürchtungen Englands hinsichtlich einer Expedition gegen Merv zu
erklären? Wie soll man die englischen Proteste rechtfertigen, die
während der letzten 3 Jahre hintereinander in St. Petersburg ein-
liefen? Gab es irgend eine Verpflichtung Seitens der russischen Regierung, in keinem Falle nach Merv zu marschiren und den Turkmenen eine unbeschränkte Freiheit zu lassen: russische Kaufleute zu
plündern, in die Sklaverei zu führen und niederzumetzeln?
Eine solche Verpflichtung ist nicht vorhanden. Wäre sie vorhanden, so würde sie Russland sowohl als England zur Schande ge-
reichen. Ersterem weil damit das Im Stich lassen der civilisatorischen Aufgabe der kaiserlichen Regierung in Mittel-Asien und die
Absicht kundgegeben würde, ihre Unterthanen der Gnade von
Räubern und Plünderern zu überliefern, während Würde und Ehre
so wie die Geschichte Russlands die Möglichkeit eines solchen Ver-
fahrens ausschliessen. Für England aber würde eine Verpflichtung die Turkmenen gewähren zu lassen, eine Interessen-Gemein-
schaft mit diesem «Räubernest» bedeuten und einer Unterstützung
dieser Rotte bei der Plünderung der Karavanen und bei der Abfüh-
rung russischer Unterthanen in die Sklaverei gleichkommen; während die blosse Vermuthung der Möglichkeit einer solchen Nach-
gibigkeit eine willkührliche Beleidigung für die ganze englische
Nation wäre. Desshalb erscheint es uns unmöglich, dass die englische Regierung wirklich den Turkmenen für alle Einfälle auf russi
schem Gebiet und systematische Plünderungen russischer Unterthanen, Straflosigkeit sichern wollte.
Nicht eine Spur einer solchen Verpflichtung von Seiten Russlands
ist in der diplomatischen Korrespondenz enthalten. Gegenüber den
vorhandenen Besorgnissen Englands mit Bezug auf Merv konnte
das St. Petersburger Kabinet also erwiedern, dass die Vermuthung
des englichen Kabinets, eine Expedition nach Merv sei eine beschlossene Sache, nicht auf Wahrheit beruhe. Ferner konnte die
russische Regierung die englische versichern, dass die Absicht, Merv
zu besetzen und zu annektiren, nicht vorhanden sei. Doch war

[1] Ibidem N. 37 p. 46. Vgl. Instr. d. M. Aitchison a, M. Thornton dat. vom 14. Juni
1876. p. 47, 48.

andererseits nicht zu bestreiten, dass, wenn die Turkmenen ihr
räuberisches Treiben nicht aufgeben würden, eine militärische.
Expedition Russlands gegen sie und ihre strenge Bestrafung vollkommen berechtigt wären. Englands Proteste würden in dem Falle
gar keine praktische Wirkung und sicher die Züchtigung dieser
Räuber nicht aufgehalten haben; es sei denn, dass England Russland
wirkliche Garantien dafür böte, dass in Zukunft die Turkmenen
ihre, für jede Regierung, welche sich ihrer Pflichten gegen ihre
Unterthanen bewusst ist, unduldbare Handlungsweise ändere.

Die Frage betr. Merv ist übrigens ausserordentlich vereinfacht
worden, seitdem im Jahre 1877 die Häuptlinge der Teke-Turk-
menen mit der persischen Regierung eine Vereinbarung trafen, der
gemäss dieser Stamm die Hoheit des Schah von Persien anerkennt.1
Wenn alle diese Turkmenen persische Unterthanen wurden, ist es
klar, dass die persische Regierung nunmehr deren Verhalten Fremden gegenüber zu verantworten hat; würde diese sich zu ohnmächtig
fühlen, die ruhestörenden Nomaden zu bestrafen, so dürfte eine aus-
ländische Regierung diese Aufgabe auch auf sich nehmen; entweder
mit Zustimmung des anerkannten aber ohnmächtigen Fürsten, oder
auch ohne dessen Einwilligung, sobald die Nothwendigkeit einen
erträglicheren Zustand herzustellen sich herausstellt.

Immerhin lastete diese Frage im Jahre 1875 und in den folgenden
Jahren schwer auf der englischen Regierung; sie wurde nicht müde,
Aufklärungen über vermeintliche Expeditionen gegen diesen oder
jenen Ort zu verlangen, und Englands Vertreter am russischen Hofe
schien behaupten zu wollen, dass Russland durch diese Expeditionen seine Verpflichtungen zu brechen sich anschicke.

Um ein für alle Mal den Ansprüchen Englands — jeden durch
russische Truppen in Central-Asien unternommenen Schritt, und
jede durch russische Behörden daselbst angeordnete Maassregel
kontrolliren zu wollen — die Spitze abzubrechen, entschloss sich die
kaiserliche Regierung, den Gang der diplomatischen Unterhandlungen bezüglich Mittel-Asiens systematisch und ausführlich darzu-
stellen. Das zu diesem Zwecke verfasste Memorandum vom 17.
April 1875 wurde dem Londoner Kabinet2 durch eine vom Fürsten
Gortschakow unterzeichnete Depesche vom gleichen Datum mitgetheilt.

---

1 Dep. d. H. Taylor Thomson und Teheran an Lord Derby vom 3. Januar 1878
(Corresp. resp. Central-Asia 1878 N, 1 p. 124. N. 129.
2 Coresp. resp. Central-Asia N. 1. 1878 p. 27 u. s. w.

Nach dem Geschichtlichen über die Besprechungen Russlands mit England, gibt das Memorandum folgende, von grosser Freimüthigkeit zeugende Schlussfolgerungen:

«Das Londoner Kabinet scheint — aus den was wir ihm mehrere Male freiwillig und freundschaftlich über unsere Ansichten über Central-Asien, und insbesondere hinsichtlich unserer festen Absicht mittheilten, daselbst keine Annektions- und Eroberungspolitik zu verfolgen — für sich die Ueberzeugung abzuleiten, dass wir ihm gegenüber in dieser Beziehung bestimmte Verbindlichkeiten eingegangen seien. Da uns die Ereignisse wider unsern Willen zwangen, einigermaassen von diesem Programme abzuweichen, scheint es zu folgern, dass wir formelle Versprechungen verletzt haben.

«Solche Schlussfolgerungen lassen sich weder mit der Wirklichkeit der Dinge, noch mit Buchstaben und Geist der zwischen beiden Regierungen bestehenden Konventionen vereinbaren».

Stets war man darin einig, dass beide Theile die Freiheit der Aktion und der Beurtheilung bezüglich der zur eigenen Sicherheit nothwendigen Maassregeln bewahren.

«Dieselben Grundsätze haben unsere Besprechungen mit H. Forsyth geleitet. Es wurde ausdrücklich zugegeben, dass, da beim gegenwärtigen Stand der Dinge die russischen und englischen Grenzen in Mittel-Asien nicht als unverrückbar erachtet werden könnten, eine internationale Abmachung über diesen Punkt wirkungslos bliebe».

Von den im Memorandum vom 17. April 1875 erwähnten Grundlagen einer Einigung zwischen den beiden Regierungen heben wir die nachfolgenden hervor:

1. Dass in jenen Gegenden ein Antagonismus zwischen den beiden Regierungen, ihren gegenseitigen Interessen und der civilisatorischen Mission zuwiderlaufen würde, zu der eine jede in der Sphäre ihres natürlichen Einflusses berufen ist.

2. Dass es zu diesem Behufe wünschenswerth sei, eine Zwischenzone zur Vermeidung einer unmittelbaren Berührung, beizubehalten.

3. *Dass Afghanistan diese Zone sein müsse, wenn dessen Unabhängigkeit von der einen wie von der anderen Seite ausserhalb eines jeden Eingriffes gestellt sein werde.*

Die englische Regierung glaubte genöthigt zu sein, einige Ausdrücke, des vom russischen Botschafter mitgetheilten Memorandums zu rektifiziren. Die gepflogenen Verabredungen bezüglich der Grenzen Afghanistans und der Zwischenzone waren von ihr anders aufge-

fasst worden. Indessen legte sie den grössten Werth darauf, dass
ihre Aktionsfreiheit hinsichtlich Afghanistans unter allen Umständen
und in allen Fällen anerkannt sei. Im Hinblick auf das besondere
Interesse, das dieses Gebiet für die britischen Besitzungen in Indien
habe, sehe die englische Regierung einen Grund grosser Besorgniss
in einer Besetzung von Merv. Eine solche Maassregel müsse unfehl-
bar gegründete Befürchtungen beim Emir Schir-Ali hervorrufen,
und im Falle seines Einschreitens wäre ein Zusammenstoss mit Russland unvermeidlich —, was eben England mit allen Mitteln verhüten
möchte. Endlich dankte Lord Derby dem Fürsten Gortschakow
für die gegebene Versicherung, dass der Kaiser von Russland
keinerlei Absicht hege, die Grenzen seines Reiches nach der Seite
von Buchara oder Krasnowodsk und des Atrek auszudehnen.[1]

Lord Derby's Antwort war in gemässigtem und freundschaft-
lichem Tone gehalten. Die russische Regierung erkennt diesen
in der Depesche des Kanzlers an den Grafen Schuwalow vom 3. (15.)
Februar 1876 an. Um aber in Zukunft jedes Missverständniss zu
vermeiden, betonte Fürst Gortschakow nochmals die Aktionsfreiheit,
welche beide Regierungen sich vorbehalten hatten.

‹Wollen Sie im Auftrage unseres erhabenen Herrn seiner Excel-
lenz sagen›, so schrieb der Reichskanzler, ‹dass wir uns vollständig
den Schlussfolgerungen anschliessen, nach welchen, unter beider-
seitiger Anerkennung des getroffenen Arrangements wegen der
Grenzen Afghanistans, das ausserhalb Russlands Aktiensphäre bleibt
— beide Kabinete nun die zu keinen praktischen Resultaten führen-
den Erörterungen hinsichtlich der Zwischenzone als geschlossen betrachten, und dass sie *bei voller Wahrung ihrer Aktionsfreiheit,* sich
— gemäss dem gegenseitigen Wunsch ihre beiderseitigen Interessen
und Bedürfnisse billigerweise zu berücksichtigen — verhalten, und dabei nach *Möglichkeit* einen unmittelbaren Kontakt, sowie Zusammen-
stösse der in den Kreis ihres Einflusses gezogenen asiatischen Staaten, vermeiden werden.[2]

Diese authentische Darlegung des Gesichtspunktes sowohl Russlands wie Englands, wurde endlich von Seiten der englischen Regierung ebenfalls angenommen, da dieselbe gegen die Vorbehalte in
der Depesche des Fürsten Gortschakow vom 3. Februar 1876, deren

---

[1] Dep. des Lord Hamilton an Lord Tenterden vom 22. Juni 1875 und engl. Memorandum vom 25. October 1875. (Corresp. resp. Central-Asia, 1878 N. 1 p. 43 u. 58.)
[2] Corresp. resp. Central-Asia 1878 N. I. p. 68 (N. 62.)

Abschrift Lord Derby übergeben wurde, nichts 'einzuwenden hatte. *Volle Freiheit der Aktion für die Zukunft* war nun die Basis aller Operationen in Mittel-Asien.

Russland benutzte diese Freiheit zuerst in Bezug auf Chokand. Nach den Kriegen von 1866 und 1868 hatten sich die Staaten des Emir von Chokand sehr vermindert; was ihm blieb war nur eine Enclave innerhalb russischer Besitzungen. Der Emir war dem überwiegenden Einflusse Russlands unterworfen. Permanente Wirren in den bei ihm verbliebenen Staaten, zwangen die russischen Truppen wiederholt zur Intervention. Der Emir Nasr-Eddin wurde im Jahre 1875 durch einen neuen Aufstand entthront; er flüchtete nach Chodshend und bat General Kaufmann um ein Asyl auf russischem Boden. Angesichts der geographischen Lage des Chanats wurde dieses im Jahre 1876 definitiv von Russland als Provinz Ferghana annektirt.

Natürlich erregten diese Ereignisse in England einen neuen Kreuzzug gegen Russland und das Feldgeschrei Vae Indiae von Neuem in allen Zeitungen und bei allen Meetings, H. Cochrane, Parlamentsmitglied, interpellirte die Regierung bezüglich ihrer Politik in Asien und der jüngsten Ereignisse in Chokand.

H. Disreali antwortete mit bewunderungswürdiger Ruhe und Würde. Er versicherte dem Parlamente, dass nicht der geringste Grund zur Unruhe, wegen der englischen Besitzungen in Asien vorhanden sei.

«Weit entfernt mich wegen der Fortschritte der russischen Macht in Mittel-Asien beunruhigt zu fühlen», erklärte der Chef des Kabinets, «sehe ich keinen Grund!, warum Russland nicht die Tatarei erobern solle, da England Indien erobert hat. Ich wünschte nur, dass die tatarische Bevölkerung aus Russlands Eroberung dieselben Vortheile ziehe, wie die Hindus aus der englischen». Endlich fügte H. Disreali noch hinzu, «dass das gute Einvernehmen zwischen den beiden Regierungen nie so vollständig war, als in diesem Augenblicke». Dieses wurde im Mai 1876 ausgesprochen.

Eine solche Sprache im Munde Disreali's gegenüber Russland gab um so mehr zu Verwunderung Anlass, als eben zu jener Zeit England die Annahme des Berliner Memorandums verweigerte. Die Haltung des H. Disreali in der Frage dieses Memorandums stand im Widerspruch mit seiner Rede über die mittel-asiatischen Angelegenrheiten. Es ist ganz unglaublich, dass im Momente wo er jede mögliche Basis eines gegenseitigen Vertrauens in Europa zerstörte, er ein *gutes Einvernehmen* zwischen den beiden Staaten in Asien

wünschen konnte. Augenscheinlich musste die ruhige und wohl-
wollende Rede Disreali's über die Frage Mittel-Asiens andere Beweggründe haben, als man beim ersten Blick annehmen konnte.
Die Correspondenz der englischen Regierung mit dem Chan von
Afghanistan Schir-Ali liefert uns den Schlüssel zu diesem Rebus.
Heute ist es offenkundig, dass England seit dem Jahre 1875 entschlossen war, entweder die Annexion Afghanistans oder dessen
vollständige Unterwerfung unter die englische Herrschaft zu er-
reichen. Im Mai 1876 hatte diese vom neuen Vice-König von Indien
inaugorirte neue englische Politik erst eben zu wirken begonnen,
und desshalb musste der Endzweck mit allen möglichen Mitteln vor
Russland verborgen werden. Die Klugheit forderte unter solchen
Umständen bei Russland keinerlei Verdacht zu erwecken, und jeder
Befürchtung bei den russischen Behörden Asiens vorzubeugen. Oder
mit andern Worten, die neue englische Politik in Mittel-Asien er-
heischte als erste Bedingung des Erfolges das tiefste Geheimniss ·
und die dringende Nothwendigkeit, den russischen Autoritäten die
Augen zu schliessen. Dem gegenwärtigen Chef der englischen Regierung muss man die Gerechtigkeit wiederfahren lassen, dass er
zum grossen Theil seinen Zweck erreichte. Die Aufmerksamkeit
Russlands war durch die in der europäischen Türkei wüthende Krise
ganz in Anspruch genommen; die prachtvolle Rede über das «gute
Einvernehmen» Englands und Russlands in Central-Asien hat sicher
die Ausführung der sinnreichen Kombinationen des H. Disreali be-
fördert.
Aber welche waren diese Kombinationen? Welcher Art war diese
neue, von Lord Lytton begonnene Politik, welcher Lord Beaconsfield's volles Vertrauen besitzt?
Das Ziel dieser Entwürfe war die Vernichtung der Unabhängigkeit Afghanistans; die neue Politik erstrebte eine wesentliche Erwei-
terung der Aktionssphäre der englischen Regierung in Asien.
Wir müssten den Rahmen dieses Aufsatzes überschreiten, wollten
wir die Geschichte der Beziehungen Englands zu Afghanistan wie-
dergeben. Ebensowenig haben wir hier die Unterhandlungen zu
verfolgen, welche seit dem Jahre 1875 zwischen Schir-Ali und dem
Vice-König Indiens stattfanden. Der Herzog von Argyll, dem seine
Eigenschaft als ehemaliger Staatssekretär für Indien eine ausseror-
dentliche Kompetenz in dieser Frage verleiht, hat uns diese Verhandlungen in einer klaren und unparteiischen Uebersicht aufge-
zeichnet.

Wir werden nur summarisch auf die verschiedenen Etapen hinweisen, durch welche die englische Regierung den unglücklichen Schir-Ali zwang, sich in Russlands Arme zu werfen, und den ihm vom Vice-König von Indien aufgebürdeten Kampf anzunehmen.

Die Grundlage aller Beziehungen zwischen Afghanistan und England war mehrere Jahre hindurch der im Jahre 1855 zwischen Dost-Mohamed - Chan und der englisch - ostindischen Kompagnie geschlossene Vertrag. Kraft desselben sollte zwischen beiden Ländern Freundschaft und gutes Einvernehmen herrschen. Der Emir verpflichtete sich, die Feinde der Kompagnie auch als die seinigen zu betrachten; er erlangte indess dagegen nicht die Zusicherung, dass die Kompagnie seine Feinde auch als die ihrigen ansehen werde.

Nach dem Tode Dost-Mohammed-Chan's brachen in Afghanistan Wirren aus. Ein heftiger Kampf zwischen den Söhnen des Emirs verwüstete das Land mehrere Jahre hindurch. Im Jahre 1866 blieb endlich Shir Ali alleiniger Herrscher von ganz Afghanistan. Der Vice-König von Indien, damals Sir J. Lawrence, bemühte sich, den freundschaftlichsten Verkehr mit ihm zu unterhalten. Er erkannte ihn als Emir und seinen Lieblingssohn Abdullah-Djan, als muthmaasslichen Thronerben an. Zu wiederholten Malen leistete er ihm Unterstützung an Geld und Kriegsgeräth. Sir John Lawrence's Nachfolger, Lord Mayo und Lord Northbrook, folgten diesem Beispiel.

Dagegen verpflichtete sich Schir-Ali, die freundschaftlichen Beziehungen mit der englischen Regierung aufrecht zu erhalten. Doch stellte er stets die volle Unabhängigkeit seines Landes und die Ausschliessung jeder Einmischung englischer Behörden als erste Basis seiner Allianz mit England hin. Die Grundbedingung und die wesentliche Sicherung der Ausführung dieser Verpflichtung Seitens Englands, waren in den Augen Dost-Mohamed's und seiner Söhne stets die Nichtanwesenheit eines diplomatischen Agenten Englands in Kabul. Schir-Ali-Chan erlaubte, dass ein *Vatheel* oder eingeborener Agent mit den gegenseitigen Mittheilungen 'zwischen ihm und der englischen Regierung betraut werde; aber er verweigerte es immer eine beständige diplomatische Mission in Kabul zu empfangen.

. Der energische Widerstand Schir-Ali's in dieser Frage lässt sich sehr gut aus den Erfahrungen erklären, welche die anderen Staaten Asiens gemacht hatten. Das Einsetzen eines diplomatischen oder

5

militärischen Agenten Englands in einem Staate Asiēns hat stets die Annexion desselben an die britischen Besitzungen als Endergebniss gebracht. «Die Erfahrung der indischen Staaten beweist», sagt der Herzog von Argyll, «dass dort, wo sich ein englischer Beamter befindet, dieser sehr schnell zum Angelpunkt wird, um den sich die eingeborene Regierung dreht, er mischt sich in alle Angelegenheiten und wirft sich zur absoluten Autorität auf».[1]

Unter solchen Umständen war Schir-Ali's Widerstreben gegen den Empfang einer englischen Mission ganz natürlich. Sir John Lawrence, Lord Mayo und Lord Northbrook trugen diesen Gefühlen des Emirs Rechnung. Sie versprachen ihm, formell, persönlich und schriftlich, sowohl bei den Unterhandlungen mit ihm, als auch mit seinen Ministern, dass sie ihm die beständige Anwesenheit eines englischen Vertreters in Kabul nicht aufbürden würden. So berichtete Lord Mayo, einer der besten Vice-Könige Indiens, am 3. Juni 1869 dem Sekretär für die indischen Angelegenheiten in London, dass er in Umbala dem Emir gegenüber bloss drei Verpflichtungen (pledges) übernahm, nämlich, «dass wir uns in seine Angelegenheiten nicht mischen, dass wir seine Unabhängigkeit aufrecht erhalten, und dass wir ihm in keiner Weise gegen seinen Wunsch englische Beamte oder Residenten aufdringen werden.[2] Diese Verbindlichkeiten sind mit dem Vertrag vom Jahre 1855 völlig im Einklange, durch welchen England auf jede Einmischung in die Angelegenheiten Afghanistans Verzicht leistet. Die drei Vorgänger Lord Lytton's waren überzeugt, dass die Politik in Bezug auf Afghanistan die Basis der englischen Politik in Mittel-Asien sein müsse».[3] Die Beziehungen zwischen der indischen Regierung und Afghanistan sollten ihrer Meinung nach auf gegenseitigem unbeschränktem Vertrauen beruhen.

Sobald das konservative Ministerium an's Ruder kam, änderte sich das Verhalten der englischen Behörden ganz und gar. Der zum Chef des *India-office* ernannte Marquis von Salisbury theilte dem Vice-König von Indien bereits am 22. Januar 1875 mit, dass die Regierung beschlossen habe, bei Schir-Ali-Chan darauf zu bestehen, dass er englische Residenten in Herat und in Candachar empfange. Mit Bezug auf Kabul hielt es die Regierung noch nicht für opportun, dem Emir eine beständige Gesandtschaft zuzumuthen.

---

[1] Duke of Argyyll, The Eastern Question, t. II, pag. 225 u. 267.
[2] Ibidem, pag. 274.
[3] Ibidem, pag. 272.

Der Vice-König Lord Northbrook, sowie alle Mitglieder des Regierungsrathes in Indien weigerten sich, die Nützlichkeit und Gerechtigkeit der vorgeschlagenen Maassregeln anzuerkennen. Sie erklärten einmüthig, dass der Emir bis zu jener Zeit treulich allen Verpflichtungen nachgekommen sei, dass er stets eine aufrichtige Ergebenheit für die Interessen Englands an den Tag legte, dass die englische Regierung mehrere Male sich verbindlich machte, ihm englische diplomatische Residenten nicht aufzubürden, und endlich, dass die Ausführung der Ordre des Lord Salisbury einen radikalen Bruch mit der Politik der Versöhnung und Aufrichtigkeit bilde, die bis dahin in den Beziehungen mit Afghanistan waltete.[1] Ueberdies vermochte sich die Regierung von Englisch-Indien die Nothwendigkeit einer politischen Veränderung nicht zu erklären, da nicht der leiseste Grund vorhanden sei, irgend etwas von Turkestan her zu befürchten.

Lord Salisbury bestand auf die Ausführung seiner Instruktionen vom 22. Januar 1875. Lord Northbrook kam um seine Entlassung ein; als Ehrenmann wollte er sein Wort Schir-Ali gegenüber nicht brechen. Lord Lytton wurde zum Vice-König von Indien ernannt und machte sich gleich daran, die im Ministerrath zu London ausgedachten Kombinationen auszuführen.

Der Herzog von Argyll bestätigt, das eine von Hrn. Bartle frere, der damals ein hoher Beamter in Indien war, verfasste und vom 11. Januar 1875 datirte Note als Programm des Ministeriums Disreali's angenommen wurde. In diesem Dokumente entwickelte Hr. Bartle frere die Ideen, welche er bereits im Mai 1874 in einer an das Foreign-Departement des Indian-office gerichteten Briefe kund gab. Diese Ideen zeichneten sich, gegenüber jenen des Hrn. H. Rawlinson durch grössere Energie aus, aber augenscheinlich bewegten sie sich auf demselben Terrain und in gleichen der «kaiserlichen Politik», Lord Beaconsfield's würdigen Bestrebungen. Hr. Bartle frere empfahl die Besetzung der afghanischen Stadt Quetta und die Errichtung beständiger englischer Gesandtschaften in Candachar und Balk.

Lord Lytton liess Quetta besetzen. Dies geschah mitten im Frieden. Der Emir hatte England nicht den leisesten Vorwand zu einer gerechten Klage gegeben.

Nun folgte das Verlangen an Schir-Ali-Chan in Herat, Candachar und selbst in Kabul englische Residenten zu empfangen.

---

[1] Corresp. resp. Afghanistan 1878, pag. 150 (resp. pag. 128, 147).

Der Emir Afghanistans konnte sich nicht dazu verstehen, diesem Verlangen Folge zu geben. Er weigerte sich, indem er sich auf den Vertrag von 1855 und die durch Lord Lytton's Vorgänger formell übernommenen Verbindlichkeiten berief. Ausserdem brachte er mehrere Ansprüche an die engliche Regierung vor; er glaubte sich in der Grenzfrage von Seistan, bei welcher der englische Schiedsrichter Persien den grössern Theil zuerkannte, betrogen; er forderte eine neue Verpflichtung von Seiten Englands sich in *keiner Weise* in die inneren Angelegenheiten Afghanistans einzumischen; er bestand auf das Energischeste darauf, dass die Verpflichtung betreffs des nicht Residirens irgend eines Engländers in Kabul oder auf afghanischem Boden eingehalten werde; er behauptete versprochene Subsidien nicht erhalten zu haben; endlich protestirte er energisch gegen die Besetzung Quetta's.

Lord Lytton wurde durch die ihm vom Emir entgegengehaltenen Argumente nicht verlegen. Der Vice-König versicherte einerseits, dass die von Lord Mayo und Lord Northbrook eingegangenen Verbindlichkeiten bloss *persönliche Versicherungen waren*, andererseits behauptete er, dass Alles, was er von Schir-Ali fordere, mit den Forderungen seiner Vorgänger vollständig im Einklange sei. Der Herzog von Argyll erklärt, dass man ein solches Benehmen nicht genug rügen könne.[1]

Das ist noch nicht Alles. Zur Erreichung seines Zweckes erachtete Lord Lytton alle Mittel für berechtigt. Er liess Schir-Ali bedeuten, dass, wenn er ein rasches Einvernehmen mit England nicht wünsche, *Russland ein solches anstrebe und zwar auf Kosten des Emir*.[2] Wir haben die ganze diplomatische Correspondenz Russlands mit England wegen Central-Asien mit ungetheilter Aufmerksamkeit studirt; nirgends fanden wir die leiseste Spur von diesem Wunsche Russlands einen Theil Afghanistans zu verschlingen. Im Uebrigen schliessen auch alle diplomatischen Besprechungen zwischen den beiden Mächten selbst die Möglichkeit eines Ideen-Austausches auf Grund solcher, zum Nachtheil Schir-Ali's ersonnenen Pläne aus.

---

[1] Duke of Argyll loc. cit. II 432. Ganz derselben Meinung hinsichtlich dieser «*persönlichen Versprechungen*» ist auch Kapitän Eastwick in seiner ausgezeichneten Schrift: Lord Lytton and the Afghan War. London 1879. p. 19.

[2] Folgendes sind die denkwürdigen Worte: If the Ameer does not disire to come to a speedy understanding with us, Russia does; and she desires it at his expense. (Corresp. resp. Afgh. p. 183. Memorandum of the interview at Simla 10. October 1876.)

Diese Worte des Vice-Königs von Indien muss man auf Rechnung diplomatischer Stratageme zweifelhaften Charakters setzen, deren er sich bei den Verhandlungen mit den Vertretern Schir-Ali's übri. gens mehr als einmal bediente.

Im Anfang des Jahres 1877 wurden zwischen dem englischen Oberst Lewis Pelly und dem ersten Minister Schir-Ali's Noor-Mohamed neue Verhandlungen eröffnet. Dieselben endeten im Monat März mit einem definitiven Bruch zwischen Afghanistan und England. Wenn man die Protokolle dieser Konferenzen liest, kommt man allmälig zu der Ueberzeugung, dass die englische Regierung mit allen Mitteln auf einen Bruch hinarbeitete. Je geneigter sich der Vertreter Schir-Ali's zu Concessionen zeigte, desto zahlreicher wurden die Forderungen des englischen Vertreters und desto hochmüthiger und beleidigender dessen Haltung. Plötzlich befahl Lord Lytton dem Oberst Pelly die Konferenzen zu schliessen und die Unterredungen abzubrechen. Der Tod des Ministers Schir-Ali's lieferte zu diesem Entschlusse einen ausgezeichneten Vorwand.[1]

Hier entsteht natürlich die Frage wie man diese Eile und diese leidenschaftliche Ueberstürzung erklären soll? Darauf können wir nur mit dem Herzog von Argyll antworten: Der General-Gouverneur von Indien wollte Schir-Ali zwingen, sich in die Arme Russlands zu werfen, um den nöthigen Vorwand zu einem Kriege gegen Afghanistan zu haben.

Es ist überdies eine anerkannte Thatsache, dass die englische Regierung Indiens in den ersten Monaten des Jahres 1878 eine Armee von 30 Tausend Mann ansammelte, welche durch Afghanistan marschiren und die russischen Besitzungen in Mittel-Asien angreifen sollten. Die Zeitschrift « *The Pioneer*», die nach dem Herzog von Argyll, notorische Beziehungen zur englischen Regierung in Simla hat, erklärte in einer vom August 1878 datirten Correspondenz, dass alle Welt die Bestimmung dieser Armee kenne.[2]

«Wenn indessen», fährt der Herzog von Argyll fort, «die englische Regierung unbestreitbar das Recht hatte, diese Vorbereitungen zu treffen und ähnliche Pläne zu hegen, so wäre es sehr kühn, Russland das Recht, gegen diese Projekte Vorsichtsmaassregel zu ergreifen, absprechen zu wollen». «Russland hat», so erklärt der Herzog von Argyll mehrfach, «gar keine internationale Verpflich-

---

[1] Duke of Argyll the Eastern Question II 482.
[2] Ibidem t. II. p. 444.

tung gebrochen, indem es eine Mission nach Kabul sandte; es hat
nur ganz gerechtfertigte Maassregeln zur Selbst-Vertheidigung er-
griffen».[1]

In der That bewiesen die offenbare Feindseligkeit Englands Russland gegenüber, die Absendung indischer Truppen nach Europa im
Hinblick auf einen Krieg mit diesem Staate, endlich das ganze Auftreten Englands seit dem Ende des Jahres 1877, den Entschluss,
mit der Macht Streit zu suchen, deren Armeen sich in Armenien und
den Balkan-Ländern mit unvergänglichem Ruhm bedeckten.

So wurde also Russland durch England selbst gezwungen zu versuchen, ihm in Asien Verlegenheiten zu bereiten. Man wusste in
St. Petersburg, dass zwei englische Kapitäne M. Butler und Napier
unter den Turkmenen und andern Stämmen dieser Landstriche
herumreisten, um sie zu neuen Einfällen in russische Besitzungen
aufzustacheln.[2] Die englische Regierung bekannte, dass sie einem
ottomanischen Emissär den Durchzug durch Indien erlaubt hatte, um
durch Afghanistan in andere muselmännische Länder Central-Asiens
zu gelangen, und daselbst die ganze muselmännische Bevölkerung
zur Erhebung gegen Russland zu bewegen.[3] Angesichts solcher
festgestellten Thatsachen erscheinen die Klagen der englischen Regierung gegen die Mission des General Stoletow in Kabul und der
in England desshalb erhobene Lärm zum Mindesten seltsam. Im
Jahre 1878 protestirte England gegen die zwischen dem General
Kaufmann und Schir-Ali ausgetauschte Correspondenz, obgleich
Lord Mayo und Lord Northbrook selbst dem Emir die Pflege dieser
Correspondenz und möglichst freundschaftliche Antwort angerathen
hatten, und obgleich gar keine Verpflichtung vorhanden war, welche
Russland eine solche direkte Beziehung zum Emir untersagte, und
obgleich endlich Russland sich wiederholt seine volle Aktionsfreiheit
vorbehalten hatte.

Dieselbe Regierung, welche entgegen einem der feierlichsten Verträge mit ihrer Flotte den Durchgang durch die Dardanellen erzwungen
hatte, verlangte die treue Ausführung einer Verpflichtung, die nie
bestanden hatte, und welche, wenn sie wirklich existirt hätte, gerechterweise, Dank der feindlichen Haltung und den Kriegsvorbereitungen des Kabinets Beaconsfield, gebrochen werden durfte.

---

[1] Ibidem t. II. p. 289, 495 etc.
[2] Corresp. resp. Central-Asia N. 1. 1878 p. 132 (N. 170.)
[3] Ibidem p. 122. N. 126. Depesche Lord Derby's an Lord Loftus vom 7. Oktober
1877.

Wir haben schon einige Male zu beweisen Gelegenheit gehabt, dass alle Erklärungen Russlands in Bezug auf die Lage Afghanistans auf der Voraussetzung fussten, dass Afghanistan ein unabhängiger Staat bleiben werde. Nie hätte Russland ein Einschreiten, das dieser Unabhängigkeit zuwider lief, zugegeben. Als Fürst Gortschakow in seiner Depesche vom 3. (15.) Februar 1876 erklärte, dass «Afghanistan» ausserhalb Russlands Aktionssphäre bleiben werde, konnte er nur die frühere Erklärungen der Jahre 1869 und 1875 bestätigen.

England hatte sich verpflichtet, diese Unabhängigkeit sowohl Russland als Afghanistan selbst gegenüber zu achten. Aber schon im Anfang des Jahres 1875 setzte sich die engliche Regierung energisch und systematisch an's Werk, diese zu vernichten, obgleich bis zu jener Zeit weder der Emir noch Russland den geringsten Vorwand zur Verletzung dieser feierlichsten Verbindlichkeiten geliefert hatten. Als H. Disreali im Mai 1875 im Parlamente erklärte, dass zwischen Russland und England hinsichtlich Mittel-Asiens «ein gutes Einvernehmen» existire, hatte der Marquis von Salisbury seine neuen Weisungen vom 22. Januar 1875, nach welchen eine systematische Intervention in den Angelegenheiten Afghanistans Platz greifen sollte, bereits abgeschickt. Als Lord Lytton gegen den Emir seine Angriffs-Politik begann, dachte die russische Regierung noch gar nicht daran, eine diplomatische Mission nach Kabul zu senden. Und in keiner Weise konnte diese Mission, wenn sie abging, die Souveränität Schir-Ali's gefährden.

Wer also hat seine Verpflichtungen gebrochen? Wer die Rechte des Anderen verletzt? Die angeführten unbestreitbaren Thatsachen geben dem unpartheiischen Leser die Möglichkeit, diese Frage zu beantworten.

Die Ereignisse, welche der Ankunft der russischen Mission in Kabul folgten, sind zu bekannt, als das es nothwendig wäre, sie hier nochmals zu erwähnen.

Nach englischen Angaben wäre die Expedition des Generals Stoletow nach Kabul bereits im März 1878 eine beschlossene Sache gewesen.[1] Der General langte in Kabul erst im Juli, nachdem der Berliner Kongress geschlossen war, an; es gibt in Asien weder Eisenbahnen noch auch zu Wagen passirbare Wege, und man braucht mindestens zwei Monate um die Entfernung zwischen Kabul und

---

[1] Corresp. resp. Central-Asia, Nr. 1, pag. 150, 153.

Taschkend zurück zu legen. Als der Berliner Vertrag geschlossen war, wurde dem General Stoletow der Befehl ertheilt, Kabul zu verlassen. Mit Rücksicht auf die Haltung Lord Lytton's Schir-Ali gegenüber ist es sehr natürlich, dass dieser die russische Gesandtschaft empfing. Der Emir wusste wohl, dass Russland keine Absicht hege, sein Ansehen dem Volke gegenüber zu schädigen, oder die Unabhängigkeit seines Landes anzugreifen. Indessen wurde die englische Regierung nicht müde, gegen den Bruch des Uebereinkommens und der Verpflichtungen in Bezug auf Afghanistan[1] zu protestiren, und zwischen den russischen Behörden in St. Petersburg und in Central-Asien scheinbare Widersprüche heraus zu finden. Im Herbst 1878 verliess die russische Gesandtschaft Kabul. Ihre Anwesenheit gab Lord Lytton zum Kriege gegen Schir-Ali den gewünschten Vorwand; dieser wurde im November erklärt, da die verletzte Würde des Emirs weder den Empfang einer englischen Mission, noch auch die Unterwerfung unter das Ultimatum des Vice-Königs von Indien gestatteten.

Der Tod Schir-Ali's brachte seinen Sohn Jakub-Chan auf den Thron und hatte den Friedens-Vertrag zur unmittelbaren Folge, dessen wichtigste Punkte wir früher mitgetheilt haben.

V.

Der Krieg zwischen England und Afghanistan ist beendigt; der Friede ist geschlossen; der Emir von Kabul ist der ergebene Diener des Vice-Königs des grossbritanischen Indien.

Nun liegt die Frage nahe, welcher Art die gegenwärtigen Beziehungen Englands und Russlands in Central-Asien sind. Sind die vor den letzten Ereignissen ausgetauschten Erklärungen der beiden Mächte unversehrt geblieben? Hat der Jakub-Chan erpresste Friedens-Vertrag nichts in den gegenseitigen Beziehungen Russlands und Englands hinsichtlich Afghanistans geändert?

Hierauf gibt die diplomatische Korrespondenz gar keine Antwort; sie berührt nur die dem Friedensschlusse vorhergegangenen Ereignisse. Man kann annehmen, dass die beiden Grossmächte bis jetzt über die durch die letzten Ereignisse in Afghanistan entstandenen Fragen noch nicht verhandelten. Gegen Ende des verflossenen Jahres, als die russische Mission zurückberufen wurde, fragte man die

[1] Vgl. Depesche des Lord Loftus an den Marquis of Salisbury vom 27. Sep. 1878. (Corresp. Central Asia Nr. 2. 1878, pag. 7, Nr. 2.)

englische Regierung, ob sie die früheren Engagements zwischen Russland und England anerkenne? Der Marquis von Salisbury erwiderte dem Grafen Schuwalow, dass die englische Regierung bereit sei, die Beziehungen auf Basis der Akten von 1875 und der vorhergehenden Jahre, wieder herzustellen. Doch behauptete der Chef des Foreign-office, dass weder das russische Memorandum von 1875 noch die englische Antwort vom selben Jahre die Erhaltung der Unabhängigheit Afghanistans als eine zwischen Russland und England vereinbarte Verpflichtung, aufgestellt hätten.

Graf Schuwalow scheint entgegengesetzter Meinung gewesen zu sein. Wir suchten zu beweisen, dass diese Verpflichtung vorhanden ist, und sich aus allen, zwischen England und Russland in Bezug auf Mittel-Asien übernommenen Verbindlichkeiten ergibt. Das Memorandum von 1875 besteht mit besonderer Energie auf diesem Punkt.

Durch eine Note vom 19. Dezember 1878 unterrichtete übrigens der Marquis von Salisbury den russischen Botschafter, dass die englische Regierung nach Zurückziehung der russischen Gesandtschaft aus Kabul die gegenseitigen Beziehungen hinsichtlich Central-Asiens als wiederhergestellt und neue, bindende Kraft besitzend, betrachten würde.

Das war am Ende des verflossenen Jahres, bei Beginn des Krieges zwischen England und Afghanistan. Der Friedensvertrag mit dem neuen Emir wurde erst im letzten Mai geschlossen; mit ihm ist eine radikale Veränderung in der Lage der Dinge eingetreten, deren Vorhandensein die Grundlage und den Rechtstitel aller diplomatischen Verhandlungen und aller Verbindlichkeiten zwischen Russland und England bildete; es ist klar, dass eine neue Vereinbarung zwischen den beiden Staaten absolut nothwendig geworden ist. Wir wissen weder, ob neue Verhandlungen im Gange sind, noch auch welche Stellung Russland, Angesichts des Vertrages mit Jakub Chan, einnimmt. Wir würden es für kindisch halten, uns in Vermuthungen über die künftige Vereinbarung zu ergehen, welcher die gegenseitigen Beziehungen Russlands und Englands in Central-Asien regeln soll.

Wir wollen uns nur erlauben, der wohlmeinenden Aufmerksamkeit des Lesers einige Betrachtungen zu unterbreiten, von deren Wahrheit wir auf's tiefste überzeugt sind.

Vor Allem ist es unsere Ueberzeugung, dass der Ausgangspunkt aller bis heute zwischen Russland und England gepflogenen Unterhandlungen ganz falsch ist. Welches ist der anerkannte Zweck aller diplomatischen Besprechungen gewesen? Durch alle möglichen Mittel einer unmittelbaren Berührung der englischen und russischen Besitzungen vorzubeugen. Dieser Gedanke scheint in der öffentlichen Meinung und in den Regierungskreisen Englands fest eingewurzelt zu sein. Man geht von der Voraussetzung aus, dass von dem Augenblicke an, da die russischen Besitzungen mit den englischen in Indien in direkter Berührung sein werden, ein Zusammenstoss zwischen den beiden Mächten unvermeidlich wird. Bis zur Stunde wird in England behauptet, dass die englischen Interessen eine Zwischenzone, welche beide Besitzungen trennt, gebieterisch verlangen.

Wir jedoch behaupten im Gegentheil, dass diese direkte Berührung die beste Grundlage einer aufrichtigen Verständigung zwischen Russland und England, hinsichtlich ihrer gegenseitigen Politik in Asien, sein wird. Ausserdem sind wir überzeugt, dass diese Berührung der Besitzungen in Asien den besten Einfluss auf die Beziehungen dieser beiden Grossmächte in ihrer europäischen Aktionssphäre ausüben wird.

Kein Gebildeter wird leugnen, dass England durch seine Verfassung, seine politischen Einrichtungen, seine Gesetze, Philosophen, Dichter und Staatsmänner die besten Anrechte auf den Dank aller Nationen habe. Wir hegen persönlich eine aufrichtige Bewunderung für die Einrichtungen dieses Reiches, seine Lebenskraft, seine unbesiegbare Energie und den kräftigen und ehrlichen Charakter der englischen Nation.

Indessen muss bei aller Anerkennung der grossen und achtungswerthen Eigenschaften der Engländer zugegeben werden, dass sie gewisse Fehler haben, deren Vorhandensein nicht bestritten werden kann. Das Gefühl ihrer Macht lässt sie oft die Rechte Anderer an das Leben und Dasein vergessen; ihre unbezwingbare Energie artet oft in eine tiefe Missachtung der Interessen, gerechten Wünsche, der persönlichen und nationalen Unabhängigkeit bei andern Nationen aus; ihr stark gestählter Charakter vermag Charakter und Neigungen ihrer Nachbaren zu verkennen; ihre Biederkeit kann mit ihren Verpflichtungen und Versprechungen in Konflikt gerathen. Man ist darüber einig, und die Engländer sind sich dessen bewusst, dass sie sich vor allen andern Nationen durch einen ausschliesslichen und egoistischen Geist auszeichnen, Dank welchem sie die charakteristischen Züge ihrer nationalen und politischen Individualität entwickeln konnten. Andererseits indess ist es nicht minder unbestreitbar, dass diese Charakterzüge oft anderen Nationen, die gleichfalls von dem Bewusstsein ihrer Rechte und Interessen durchdrungen sind, uner-träglich werden. Ein Konflikt der Rechte und Interessen kann na-türlich einen gerechten Streit und erbitterte Kämpfe hervorrufen. Indessen haben in der Politik Englands oft weder Interessen-Streitig-keiten, noch auch Rechtskonflikte die Kriegserklärung an andere Nationen zur Folge gehabt. Nein, unglücklicherweise waren dieses nur zu oft eingefleischte Vorurtheile, ererbter Argwohn, leiden-schaftliche Voreingenommenheiten und die Bestrebungen eines recht- und schrankenlosen Egoismus. Man müsste es erst beweisen, dass in allen Fällen die aus ähnlichen Quellen entstandenen Kriege der englischen Nation wirklich mehr Vortheile als Verluste gebracht haben.

Dieser Geist der *Exclusivität* ist, im grossen Maasse, die Folge der Insel-Lage Grossbritaniens. Dieselbe begünstigt egoistische Bestrebungen, welche sich mit der Grund-Idee von der Gesellschaft und einem auf die Gegenseitigkeit der Interessen, und der Achtung der Rechte des Nächsten, beruhenden Verkehr kaum vereinbaren lassen. Die civilisirten Nationen bilden eine Gesellschaft in deren Schooss jedes Mitglied die Achtung seiner Rechte und den Schutz seiner Lebensinteressen finden muss. Eine solche Gesellschaft könnte ebenso wenig wie eine andere bestehen, wenn eine jede Nation ihren Wünschen, Neigungen und Leidenschaften eine schran-kenlose Freiheit gestatten würde. Jede Civilisation setzt einen Kom-promiss von auseinandergehenden Interessen voraus; eine Gesell-schaft civilisirter Nationen wäre eine Chimäre, wenn diese sich nicht dahin einigen würden, ihren Bestrebungen Grenzen zu setzen und den gerechten Interessen Anderer Concessionen zu machen, die reichlich durch die unberechenbare Wohlthat, der unter civilisirten Nationen herrschenden Gemeinsamkeit, und den Bestand friedlicher Beziehungen, aufgewogen werden. Aber damit eine Nation die nöthige Achtung vor den Rechten anderer Völker habe, muss sie selbst fühlen, dass ihre Interessen von denen der Anderen abhängen; damit ein Staat zur Nachgiebigkeit zu Gunsten gerechter Wünsche anderer Staaten bereit sei, muss er von der *Nothwendigkeit* eines Kompromisses durchdrungen sein; damit ein Mitglied der civilisirten Nationen seine Pflichten als Genossenschafts-Mitglied verstehe, muss es mit den anderen Mitgliedern in direkter unmittelbarer Berührung sein.

Wir sind desshalb überzeugt, dass der sich augenscheinlich bildende,
unmittelbare Kontakt zwischen den Besitzungen Russlands und Eng-
ands in Central-Asien, für die Beziehungen der beiden Staaten nur
heilsame Folgen haben kann. Dieser Kontakt wird auf ihre Politik
sowohl in Europa als auch in Asien die beste Wirkung ausüben, da
ihnen in jedem Augenblicke ihre Nachbarschaft und die Vertheidigung wichtiger Interessen im Gedächtniss bleiben muss, welch'
Letztere nur durch die Berücksichtigungen ihrer gegenseitigen Interessen wirksam sein kann. Die unmittelbare Nachbarschaft Russlands und Englands in Asien wird einerseits Englands Regierung
nothwendig mehr Achtung vor den Rechten Russlands einflössen
und andererseits den letztern Staat nöthigen, jeden den britischen
Interessen in Asien feindseligen Gedanken bei Seite zu setzen. Mit
einem Worte, die Berührung der russischen und englischen Besitzungen in Mittel-Asien, welche Englands insuläre Lage aufhebt
wird dieses auch zwingen, seine insuläre Politik aufzugeben.

Dank dieser Nachbarschaft wird Russland in der Achtung seiner
unbestreitbaren Rechte gesicherter sein und sich allmälig überzeugen, dass die Sicherheit seiner eigenen Besitzungen in Asien
wesentlich von der Herrschaft Englands über asiatische Völkerschaften von 200 Millionen Seelen abhängt. Auf solcher Grundlage wird
eine Einigung Russlands mit England nicht nur möglich, sondern
auch dauerhaft sein.

Endlich dünkt es uns, dass die Vorsehung selbst diese beiden
Grossmächte auf diesen gemeinsamen Weg und zu diesem höheren
Ziele hinführt. Wir haben es ja gesehen, dass die Verhandlungen
wegen Herstellung eines «neutralen Terrains» oder «einer Zwischenzone» zwischen den resp. Besitzungen in Asien nie ein Ergebniss
brachten. Nichtsdestoweniger kann man weder die Geschicklich-
keit noch den guten Willen und die aufrichtigen Bemühungen der in
diesen Verhandlungen beschäftigt gewesenen Staatsmänner in Zweifel
ziehen.

Die Macht der Verhältnisse war grösser als der Wille der Menschen.
Alle Bemühungen, die in Zukunft um diese Zwischenzone noch gemacht werden könnten, dürften gleichfalls fruchtlos bleiben.

Wir haben es übrigens ausgesprochen, dass uns diese unmittelbare
Berührung der Aktionssphäre Englands und Russlands eine Wohlthat und nicht ein Unglück zu sein scheint. Und von diesem Gesichtspunkt aus könnten wir wohl sagen, dass der, dem Emir von
Kabul, trotz aller von Grossbritanien gegenüber Russland eingegan-

gener Verbindlichkeiten, auferlegte Friedensvertrag ein Ergebniss bringt, welches vortheilhaft sein kann; nämlich die Herstellung einer unmittelbaren Nachbarschaft zwischen den russischen und englischen Besitzungen in Central-Asien. Afghanistan ist nun eine Provinz des englischen Indiens, und die Politik Lord Beaconsfield's und Lord Lytton's hat unbewusst in Asien einen Zustand geschaffen, welcher bis jetzt stets ein Gegenstand der Angst und Besorgniss der Engländer gewesen war.

Wir meinen, dass diese unmittelbare Berührung der beiden Territorien in Mittel-Asien die einzige vernünftige und praktische Basis eines vollständigen Einvernehmens zwischen beiden Grossmächten sein muss. Nachdem so die erste Bedingung der gegenseitigen Verständigung zu einer vollendeten Thatsache geworden, werden die übrigen sich leicht erfüllen lassen. Bezüglich dieser übrigen Bedingungen, möchten wir nur zwei Punkte betonen, erstens:

Wäre es für beide Staaten unerlässlich, sich von der absoluten und unwiderlegbaren Wahrheit zu überzeugen, dass ein Kampf zwischen ihnen in Asien, in letzter Reihe der Anfang des Endes ihrer Herrschaft in diesem Erdtheile sein würde. Der Tag, an dem Russland über England in Central-Asien den Sieg davon tragen würde, wäre der Vorabend des Sturzes seiner eigenen Autorität in jenen Ländern. Am Tage, an welchem England einen entscheidenden Sieg über Russland erlangte, würde das britische Indien auf dem halben Weg seiner Befreiung vom englischen Joch sich befinden.

Diese, im ersten Augenblick paradox scheinende These ist auf die nachfolgenden Erwägungen gegründet, welche die Aufmerksamkeit der Staatsmänner Englands und Russlands verdienen.

Nehmen wir an, dass England Russland den Krieg erklärt und Central-Asien zur Basis der militärischen Operationen wählt. Sicher würde die englische Armee zum grössern Theil aus der eingeborenen Bevölkerung zusammengesetzt sein. Alle Fürsten und Regierungen Indiens würden zur Theilnahme an einer solchen, wahrscheinlich in grossem Maassstabe unternommenen Expedition eingeladen. Würde Russland in Asien geschlagen, so würden sich alle asiatischen Verbündeten natürlicherweise allen Ruhm und alles Verdienst zuschreiben. Je stärker ihre Zahl in der Expeditionsarmee gegen Russland sein würde, desto mehr würden sich die einheimischen Regierungen von der militärischen Schwäche Englands überzeugen, und geneigt sein, sich selbst als die wahren Besieger der russischen Armee zu verkündigen. Unter solchen Umständen hätte ein englisch-russischer

Krieg in Asien und insbesondere Englands Sieg die grosse Entwicklung des eigenen Machtgefühles der England unterworfenen Völker
zur unmittelbaren Folge. Und das ist es, was bis heute der 200
Millionen zählenden Bevölkerung Indiens abgeht. Hat einmal diese
träge Masse ihre Kraft und die Schwäche ihrer Herren eingesehen,
dann ist die englische Herrschaft in Indien nur noch die Frage einiger Jahre.

Nehmen wir nun den umgekehrten Fall an, Russland schicke eine
Expedition nach Englisch-Indien, die englischen Truppen wären geschlagen, die Grenzen der englischen Besitzungen überschritten und
die eingebornen Völker in dichten und furchtbaren Massen gegen
England erhoben: Ein solcher Aufstand der Eingeborenen würde
im Falle eines Angriffes Russlands gegen Englisch-Indien die wesentliche Basis der militärischen Operationen sein. Englands Herrschaft wäre zu Ende. Die letzten Spuren der Engländer würden
aus Asien verschwinden. Aber dann? Was könnte Russland mit
200 Millionen Seelen anfangen, welche die Engländer ebenso wie die
Russen, als Christen und Europäer fürchten und verrathen? Vermöchte Russland den von England geräumten Platz in Indien einzunehmen? Wäre es im Stande jene 200 Millionen, die aus Furcht
und Gewohnheit den Engländern gehorchen, seiner Autorität zu unterwerfen? Würde es endlich für Russland vortheilhaft sein, seine
Grenzen nach so fernen Ländern hin auszudehnen?

Wir glauben, dass ein jeder Russe, der sein Vaterland liebt und
seine wahren Interessen versteht, auf diese Fragen verneinend antworten wird. Die Ausdehnung der russischen Grenzen in's Unendliche kann nur die Vertheidigungskräfte und materiellen Hülfsquellen
Russlands vermindern. Die Unterwerfung von 200 Millionen Seelen
wird nie etwas anderes als ein Traum und das Produkt einer über-
reizten Einbildungskraft sein. Das letzte Ergebniss eines russischen
Sieges in Asien wäre also unausbleiblich die Entstehung unabhängiger Staaten in jenen Gegenden, die Russland weit mehr Verlegenheiten bereiten würden und für seine Besitzungen dort weit gefähr-
licher wären, als die Existenz einer civilisirten und christlichen Regierung in Kalkutta.

Wir vermögen also für keine der beiden Mächte im Falle eines
zwischen ihnen ausbrechenden Krieges ein irgend wie erspriessliches
Ergebniss abzusehen. Was sich auch ereignen möge, so würde der
Sieger jedenfalls im Augenblicke, wo er seinen europäischen Gegner
niedergeworfen hätte, sich in die grösste Verlegenheit gestürzt sehen

und den grössten Gefahren ausgesetzt sein. Mögen Diejenigen, welche in Russland und England zu einem Konflikt drängen, erst auf die Frage antworten: Was soll aus den eroberten Ländern werden, und wie könnte man die eingeborenen Völker in Unterwerfung halten? Englischen Schriftstellern von der Art des H. Rawlinson und Lord Lytton fällt hauptsächlich die heilige Pflicht zu, diese Frage aufzuklären, bevor sie zu einer *energischen und kaiserlichen Politik* gegen Russland hindrängen.

Wenn Englands competente Autoritäten sich von der ungeheuern und unausbleiblichen Gefahr ihrer Siege und Erfolge über Russland überzeugt haben werden, wird der kriegerische Taumel verschwinden, und der Lärm und das Kriegs-Geschrei werden endlich aufhören die Stimme der Vernunft und des gesunden Menschenverstandes zu übertäuben. Das Einvernehmen mit Russland ergibt sich dann von selbst.

In zweiter Linie müsste man in England jene eingefleischten Vorurtheile gegen die Eroberungsgelüste Russlands, die noch gegenwärtig in der Presse und im Parlamente Englands vorherrschen, aufgeben. England muss daran denken, dass es selbst in den letzten vierzig Jahren Provinzen erwarb, deren Bevölkerung um Millionen stärker und reicher ist, als jene aller Gebiete, die sich von der Wolga gegen China hin ausdehnen, und welche Russland in letzter Zeit annektirte.[1]

Ebenso nothwendig ist es, dass man in England einsehe, wie die Feindseligkeit, die man in jedem Moment Russland gegenüber an den Tag legt, das eigene Prestige schwächt, das eigene Ansehen vermindert und es den asiatischen Regierungen ermöglicht, dieselbe in einer für eine Grossmacht unwürdigen Weise, für sich auszubeuten.

Die asiatischen Regierungen kennen sehr gut die zwischen Russland und England herrschende Feindseligkeit und benützen dieselbe um verschiedene Vortheile zu erpressen; davon kann man sich, wenn man die Verhandlungen des Emir's von Kabul mit der Regierung in Kalkutta verfolgt, leicht überzeugen. Schir-Ali und seine Minister äusserten mehre Male den Vice-Königen Indiens gegenüber, dass sie die Wichtigkeit Afghanistans für die Vertheidigung der englischen Besitzungen in Indien sehr gut zn schätzen wüssten. Der Emir meinte, England müsse ihn gegen Russland, der eigenen Sicherheit

---

[1] Vgl. die interessante Studie (N. VIII.) v on Sir Henry Rawlinson in der Quarterly Review v. Januar 1879. Duk of Argyll loc. cit. II. 223.

wegen, schützen. Desshalb forderte derselbe oft Subsidien an Gold
und Kriegsgeräthen in anmaassendem Tone. Er erhielt enorme
Summen — gleichsam als sei ihm England dieselben schuldig.[1] Die
englischen Minister und Vice-Könige hatten genaue Kenntniss von
diesem Umstande; um ihn zu beseitigen müsste man in England
aufhören die Anklagen gegen Russland, seinen Ehrgeiz und seine
Eroberungsgelüste in Indien zu verbreiten.

General *Kaufmann* lenkte die Aufmerksamkeit seiner Regierung
auf diesen Gegenstand.

«Es ist Grund zur Annahme vorhanden», schrieb er am 17. (29.)
Juni 1870. an den Fürsten Gortschakow, «dass die Aufregung, die
gegenwärtig in benachbarten Chanaten Central - Asiens herrscht,
jener Ueberzeugung bei den Völkern dieser Gegend und insbesondere bei den Afghanen entstammt, nach der, Dank einem
unversöhnlichen Hasse zwischen Engländern und Russen, diese
früher oder später in Asien miteinander in Kampf gerathen müssen.
Mehr als einmal wurde diese Ueberzeugung vom afghanischen
Serdar Abdul-Rahman-Chan (dem in Turkestan flüchtigen Neffen
Schir-Ali's und Thronprätendenten von Kabul) ausgesprochen, und
er betonte insbesondere diesen Punkt um mich zum Glauben zu bewegen, dass Russland Interesse daran habe, ja sogar, dass es schlech-
terdings nothwendig sei, ihm, Abdul-Rahman, zu helfen, sich Kabuls zu bemächtigen».

Im ähnlichen Sinne hörten wir bereits früher englische Autoritäten in Indien, wie den Ober-Kommandanten M. Mansfield und den
Obersten Taylor sich aussprechen.

Nur die unversöhnlichen Gegner *Russlands sowohl als auch Englands* vermögen die Entwickelung jener Ueberzeugung in Asien zu
begünstigen, und den barbarischen und fanatischen Völkern jener
Länder Beweise zu bringen, dass eine tiefgehende Misshelligkeit die
beiden civilisirten Staaten Central-Asiens auseinander hält. Je mehr
die Kunde einer solchen zwischen den beiden europäischen Grossmächten vorhandenen Feindschaft im Schoosse der asiatischen Völker aufkömmt, desto mehr werden diese Mächte daselbst den Boden
verlieren und ihre Herrschaft in Gefahr sehen.

Wir sind mit unserer Studie zu Ende. Der Grundgedanke, der
sie uns eingab, ist nun dem Leser bekannt. Es ist die innerste un

---

[1] Vgl. Duk of Argyll the Eastern Question t. II. p. 313, 323. etc.

erschütterlichste Ueberzeugung, dass die Interessen Russlands und
Englands in Central-Asien wesentlich unter einander solidarisch sind.
Die beiden Grossmächte sollten stets von der Wahrheit sich durchdrungen fühlen, dass die civilisatorische Mission, die ihnen gegenüber
diesen halbwilden Völker ferner Länder obliegt, keine Chimäre, sondern eine wirkliche Thatsache ist, und ihnen eine, ihrer würdige
Aufgabe auferlegt.

Mögen Russland und England ihrer Mission nie untreu werden!
Möchten sie in Zukunft solche Beziehungen untereinander her-
stellen, die nicht auf Misstrauen und Widerstreben, sondern auf gegenseitigem Vertrauen, auf offenen und ehrlichen Erklärungen, auf
der aufrichtigen Achtung erworbener Rechte und der berechtigten
Bestrebungen Beider beruhen!

Die Ebenen und Gebirge Mittel-Asiens bieten allen materiellen
und intellektuellen Kräften Russlands wie Englands einen freien Spielraum. Mögen sich daselbst beide Nationen die Hände reichen und
durch ein von gegenseitigem Vertrauen und gegenseitiger Achtung
getragenes Vorgehen den asiatischen Völkern beweisen, dass sie ihre
Interessen in einem unermüdlichen Kampfe gegen Barbarei und in der
Herbeiführung gesellschaftlicher, den Fortschritt der Civilisation
sichernder Einrichtungen finden. Wenn sie sich vertrauensvoll die
Hände reichen und die leidenschaftlichen Vorurtheile vergangener
Zeiten vergessen, werden die russische und englische Nation beweisen, dass die echte Civilisation in Wirklichkeit auf der Vereinigung der Kräfte zu einem gemeinsamen, des XIX. Jahrhunderts
würdigen Zwecke, beruht.

www.ingramcontent.com/pod-product-compliance
Lightning Source LLC
Chambersburg PA
CBHW030807100426
42814CB00002B/38